… und zeig uns Jesus, deinen Sohn

KONKRETE LITURGIE

herausgegeben von Guido Fuchs

JOHANNES PUTZINGER (HG.)

… und zeig uns Jesus, deinen Sohn

Rosenkranzandachten

VERLAG FRIEDRICH PUSTET
REGENSBURG

Bibliografische Information der Deutschen Nationalbibliothek

Die Deutsche Nationalbibliothek verzeichnet diese Publikation
in der Deutschen Nationalbibliografie;
detaillierte bibliografische Daten sind im Internet über
http://dnb.d-nb.de abrufbar.

ISBN 978-3-7917-2734-9
© 2015 by Verlag Friedrich Pustet, Regensburg
Umschlagbild: © duncanandison – Fotolia.com
Layout und Umschlaggestaltung: Martin Veicht, Regensburg
Satz: MedienBüro Monika Fuchs, Hildesheim
Druck und Bindung: Friedrich Pustet, Regensburg
Printed in Germany 2015

Diese Publikation ist auch als eBook erhältlich:
eISBN 978-3-7917-6070-4 (epub)

Weitere Publikationen aus unserem Verlagsprogramm finden Sie unter:
www.verlag-pustet.de
www.litrugie-konkret.de

INHALTSVERZEICHNIS

VORWORT   9

„HERR, UNSER HERR, WIE BIST DU ZUGEGEN"
ROSENKRANZANDACHTEN ZUR BEGEGNUNG MIT
JESUS CHRISTUS IM WORT, IM SAKRAMENT UND IM NÄCHSTEN

1	In Christus eingesenkt Taufe	12
2	In Brot und Wein Eucharistie	19
3	Uns im Zeichen zugewandt Sakramente	25
4	Wort des ewigen Lebens Wort Gottes	31
5	Das habt ihr mir getan Christus in unserem Nächsten	37

„SELIG, WEM CHRISTUS AUF DEM WEG BEGEGNET"
ROSENKRANZANDACHTEN ZU BERUFUNG UND SENDUNG

6	Öffne uns deinem Geist Begeisterung	44
7	Geh mit uns auf dem Weg Begleitung	49
8	„Folge mir nach" Berufung	56
9	„Bleibt in mir" Beziehung	62
10	„Ich habe euch erwählt" Erwählung	68

„JESUS CHRISTUS IST DER HERR"
ROSENKRANZANDACHTEN ZU GESÄNGEN DES
NEUEN TESTAMENTS

11	In Christi Spuren 1 Petr 2,21–24	76
12	Selig seid ihr Mt 5,3–12	82
13	Dankt dem Vater in Freude Kol 1,12–20	88
14	Jesus Christus, der Herr Phil 2,5–11	93
15	Das Wort war Gott Joh 1,1–18	98

„ACH BLEIB MIT DEINER GNADE BEI UNS, HERR JESU CHRIST"
ROSENKRANZGEBET IN BESONDEREN ANLIEGEN

16	Jesus, unsre Zuversicht In Angst und Not	104
17	Jesus, unser Freund In Enttäuschung	111
18	Jesus, unser Heiland In Krankheit	118
19	Jesus, unser Trost In Tod und Trauer	124
20	Jesus, der Friede Gottes Um Frieden	130

„JESUS CHRISTUS, GUTER HIRTE, HOHERPRIESTER, OSTERLAMM"
ROSENKRANZANDACHTEN ZU BESONDEREN MOTIVEN

21	Du Bundeslade Gottes Aus der Lauretanischen Litanei	138
22	Jesus ist Gottes Herz Zum heiligsten Herzen Jesu	144
23	Wachse in mir Zur Eucharistischen Anbetung	149
24	Der Schöpfung Herr In der „Schöpfungszeit"	154
25	Jesus, der … Gesätze zum Sonntags-Evangelium	159

ANHANG

LIED	Im Maien hebt die Schöpfung an	164
LIED	Selig sind, die arm im Geiste	165
LIED	O Seligkeit, getauft zu sein	166
NACHWEISE		167

VORWORT

Es ist mir eine große Freude, dass mein vor sieben Jahren herausgegebenes Buch „Rosenkranzandachten" in der Reihe „Konkrete Liturgie" einen so guten Absatz gefunden hat, dass nun an die Herausgabe eines Folgebandes gedacht wurde. Bereits damals habe ich geschrieben, dass mit diesem Buch das Thema bei weitem noch nicht erschöpfend behandelt ist, wie auch der nun vorgelegte Band beweist – und auch darin konnten wir nur einen kleinen Teil der Möglichkeiten umsetzen. Der Umstand, dass auch andere Verlage ähnliche Bücher herausbringen, beweist zum einen die Fülle der Möglichkeiten, zum anderen aber auch den Bedarf an guten Modellen für das Rosenkranzgebet, vor allem aber, dass diese Gebetsform durchaus nicht abzuschreiben ist und auch Zukunft hat.

Ein Pfarrer, dem ich den Vorgängerband geschenkt habe, schrieb mir: „Ganz herzlich bedanke ich mich für Dein Rosenkranzbuch. Da bei uns noch jeden Tag auch Rosenkranz gebetet wird, wird mir das sicher gute Dienste erweisen. Ich hab' schon ein bisschen reingestöbert und bin mir sicher, dass wir das in Zukunft etwas abwechslungsreicher gestalten können! Lieben Dank dafür!!"

Ich sage hiermit allen Dank, die mich zur Herausgabe dieses Buches ermutigt haben: dem Verlag Friedrich Pustet, insbesondere Herrn Dr. Rudolf Zwank, der mir das Vertrauen geschenkt hat, Herrn Prof. Dr. Guido Fuchs, der viele wertvolle Hinweise gab und auch einige Texte beisteuerte, meinen Mitautoren Sr. Cornelia Bothe, Pfr. em. Heinrich Bücker, Frau Ingrid Engbroks und Pfr. Andreas Matthäi für ihre wertvollen Beiträge.

Widmen möchte ich dieses Buch meiner verstorbenen Großmutter und meiner betagten Mutter, die mich schon als Kind dieses Gebet, das für mich zu den großen Schätzen unserer Kirche zählt, gelehrt haben.

Möge dieses Rosenkranzbuch – für das ich auch einen kleinen Teil meiner Fotos beisteuern darf – eine ebenso wohlwollende Aufnahme und gute Verbreitung finden wie das vorausgehende und vielen Menschen helfen, die Liebe zum Rosenkranzgebet neu zu entfachen!

Stift Reichersberg *Johannes Putzinger*

„HERR, UNSER HERR, WIE BIST DU ZUGEGEN"

ROSENKRANZANDACHTEN
ZUR BEGEGNUNG MIT
JESUS CHRISTUS
IM WORT, IM SAKRAMENT
UND IM NÄCHSTEN

1
IN CHRISTUS EINGESENKT

TAUFE

1. Jesus, auf dessen Tod und Auferstehung wir getauft sind
2. Jesus, der uns zu Priestern und Königen gemacht hat
3. Jesus, den wir als Gewand angelegt haben
4. Jesus, das Licht, dem wir folgen sollen
5. Jesus, der uns für seine Botschaft Mund und Ohren öffnet

ERÖFFNUNG

Lied GL 489,1 (Lasst uns loben)

Einführung Es ist gut, wenn wir durch Wiederholung wichtige Sätze unseres Glaubens in uns vertiefen. Die Gesätze des Rosenkranzes beinhalten Wahrheiten, die wir nicht vergessen dürfen, wenn wir als Christen leben wollen. Lasst uns betend das Geschenk der Taufe betrachten! Es enthält einen Reichtum, der uns mit einem Gefühl der Dankbarkeit erfüllt. Wir haben durch die Taufe teil an Christi Tod und Auferstehung, an seinem königlichen Priestertum, tragen das Festgewand, um einst an seinem hochzeitlichen Mahl im Himmelreich teilnehmen zu können. Mit ihm sind wir Licht für die Welt, berufen und befähigt, das Evangelium allen Menschen zu verkünden. Die Taufliturgie verdeutlicht dies durch Zeichen und Symbole wie Salbung, Taufkleid, Taufkerze und Effata-Ritus. Herz und Verstand werden so angesprochen. Das Wissen um die Taufgnade schenkt uns Zuversicht im Leben und im Sterben. Mit Maria sind wir ganz bei Jesus, der uns das Leben in Fülle gebracht hat.

Lobpreis Herr, dich loben wir,
dich preisen wir,
Großes hast du für uns getan.
Deine Hingabe für uns
ist Liebe,
wie sie größer nicht sein kann.
Uns sündigen Menschen
wurde sie angerechnet.
Wir sind erlöst von Sünde und Tod.
Wir können es dir nicht vergelten.
Nur dankbar können wir sein,
unendlich dankbar
und uns in dir freuen.

Lied GL 329,4 (Das ist der Tag)

ROSENKRANZGEBET

1. Jesus, auf dessen Tod und Auferstehung wir getauft sind

Schrifttext Wisst ihr denn nicht, dass wir, die wir auf Christus Jesus getauft wurden, auf seinen Tod getauft worden sind? Wir wurden mit ihm begraben durch die Taufe auf den Tod; und wie Christus durch die Herrlichkeit des Vaters von den Toten auferweckt wurde, so sollen auch wir als neue Menschen leben. Wenn wir nämlich ihm gleich geworden sind in seinem Tod, dann werden wir mit ihm auch in seiner Auferstehung vereinigt sein. (Röm 6,3–5)

Impuls In der Feier der Osternacht hören wir jedes Jahr diese Worte aus dem Römerbrief des Apostels Paulus. Kurz und prägnant wird uns gesagt, was in der Taufe mit uns geschehen ist: Wir sind mit Christus gestorben und auferstanden. Die ursprüngliche Form der Taufspendung, wie sie heute noch in der Ostkirche praktiziert wird, macht das deutlicher als unsere westliche Praxis durch Übergießen mit Wasser. Der Täufling wird untergetaucht, um dann gewandelt wieder aufzutauchen. Der Mensch, dem durch Schuldverstrickung die Lebensfülle fehlt, stirbt mit Christus und wird mit ihm neu geboren, um ewig zu leben. Für dieses Geschenk können wir Christen nicht dankbar genug sein. Die Bilder von Karfreitag und Ostern vor Augen feiern wir neu unsere Teilhabe an der Auferstehung unseres Herrn und Bruders Jesus Christus. So greift das Rosenkranzgebet auf, was in unserer Taufe grundgelegt wurde. An der Hand Mariens beten wir um Erneuerung der Taufgnade.

Gesätz

Lied   GL 329,3 (Das ist der Tag)

2. Jesus, der uns zu Priestern und Königen gemacht hat

Schrifttext   Jesus Christus ist der treue Zeuge, der Erstgeborene der Toten, der Herrscher über die Könige der Erde. Er liebt uns und hat uns von unseren Sünden erlöst durch sein Blut; er hat uns zu Königen gemacht, zu Priestern vor Gott und seinem Volk. Ihm sei die Herrlichkeit und die Macht in alle Ewigkeit. (vgl. Offb 1,5–6)

Impuls   Der Text aus der Offenbarung des Johannes hebt hervor, was in der Kirche lange Zeit fast vergessen wurde. Das Zweite Vatikanische Konzil hat es wieder deutlich gemacht, dass nämlich alle Getauften Anteil haben am Priester- und Königtum Jesu Christi. Die Rede ist vom Allgemeinen Priestertum der Gläubigen. Bei der Salbung nach der Taufspendung heißt es: „Ihr werdet nun mit dem heiligen Chrisam gesalbt; denn ihr seid Glieder des Volkes Gottes und gehört für immer Christus an, der gesalbt ist zum Priester, König und Propheten in Ewigkeit." Die Zeit ist vorbei, die Amtspriester mit „Hochwürden" zu betiteln. Wir Christen haben alle die gleiche Würde und damit verbunden die Aufgabe, das Evangelium zu verkünden und die Welt zu heiligen. Machen wir uns unsere königlich-priesterliche Würde neu bewusst, um daraus Kraft zu schöpfen für unseren alltäglichen Dienst als Christen! Beten wir mit Maria, der Mutter aller Glieder des Gottesvolkes, um gutes Gelingen in der Weitergabe des Glaubens.

Gesätz

Lied	O Seligkeit, getauft zu sein (s. S. 166)
oder	GL 483,1 (Halleluja – Ihr seid das Volk)

3. Jesus, den wir als Gewand angelegt haben

Schrifttext Ihr seid alle durch den Glauben Söhne (Töchter) Gottes in Christus Jesus. Denn ihr alle, die ihr auf Christus getauft seid, habt Christus (als Gewand) angelegt. (Gal 3,26–27)

Impuls „Kleider machen Leute", sagt der Volksmund. An der Berufskleidung konnte man früher stärker als heute erkennen, welchen Dienst jemand für die Gesellschaft leistete. Ordensleute erkannte man am Habit. In der Tauffeier wird dem Täufling das weiße Taufkleid angezogen. Es ist das hochzeitliche Gewand, mit dem der Getaufte einst an der Vermählungsfeier Jesu mit der Menschheit im Reich Gottes teilnehmen darf.
Das Wort „Kleider machen Leute" bedeutet auf das Taufkleid bezogen, dass Jesus uns durch die Taufe zu neuen Menschen gemacht hat. Wir tragen seitdem nicht das Lumpengewand der Sünder, sondern das Gnadenkleid der Erlösten. Bei der Überreichung des Taufkleides sagt der Taufspender: „In der Taufe bist du eine neue Schöpfung geworden und hast Christus angezogen. Das weiße Gewand sei dir ein Zeichen für diese Würde. Bewahre sie für das ewige Leben."
Die Taufe muss eine Haltung zur Folge haben, die Haltung des Christen, der bestrebt ist, wie Christus zu leben. Das Wort Habit (Habitus) heißt übersetzt: Haltung. Betrachten wir im Rosenkranzgebet unsere

Würde, die das Taufkleid versinnbildet, und holen wir uns an der Seite Mariens die Kraft, die wir für eine wahrhaft christliche Haltung brauchen.

Gesätz

Lied GL 642,1 (Mit weißen Kleidern angetan)

4. Jesus, das Licht, dem wir folgen sollen

Schrifttext Jesus sprach: Ich bin das Licht der Welt. Wer mir nachfolgt, wird nicht in der Finsternis umhergehen, sondern wird das Licht des Lebens haben. (Joh 8,12)

Impuls Menschen können immer wieder das Gefühl haben, im Dunkeln zu tappen. Ereignisse im Leben können dazu führen, dass man nicht mehr weitersieht. In Familie oder Beruf fehlen häufig Perspektiven. Die Zukunftsaussichten sind düster. Auch unser eigenes Fehlverhalten kann Dunkelheit zur Folge haben. Wenn dann die Orientierung fehlt, ist es besonders schlimm. Da tut es gut, die Botschaft vom Licht zu hören.
Es gibt einen, der das Leben hell macht: Jesus Christus. Er ist das Licht der Welt. Wenn wir ihm nachfolgen, schwindet die Finsternis. Wir können sehen, stürzen nicht in den dunklen Abgrund, sondern finden das Leben. Wenn der Priester oder Diakon bei der Taufe Eltern oder Paten auffordert, die Taufkerze an der Osterkerze zu entzünden, und ihnen das Licht des Lebens anvertraut, ist damit der Auftrag an die Getauften verbunden, als Kinder des Lichtes zu leben (Eph 5,8) und einst dem Herrn entgegenzugehen, wenn er kommt in Herrlichkeit. Wenn wir nun dieses Gesätz, unterstützt von der Mutter Jesu, beten, erinnern wir uns daran, welch eine Chance wir haben, dass unser Leben im Licht des Herrn gelingt.

Gesätz

Lied GL 358,5 (Ich will dich lieben)

5. Jesus, der uns für seine Botschaft Mund und Ohren öffnet

Schrifttext Man brachte einen Taubstummen zu Jesus und bat ihn, er möge ihn berühren. Er nahm ihn beiseite, von der Menge weg, legte ihm die Finger in die Ohren und berührte dann die Zunge des Mannes mit Speichel; dann blickte er zum Himmel auf, seufzte und sagte zu dem Taubstummen: Effata!, das heißt: Öffne dich! Sogleich öffneten sich seine Ohren, seine Zunge wurde von ihrer Fessel befreit, und er konnte richtig reden. (Mk 7,32–35)

Impuls Es geht in dieser Erzählung um mehr als eine körperliche Heilung. Ein viel größeres Wunder kommt hier zur Sprache: die Überwindung menschlicher Verschlossenheit gegenüber Gott und seinem Willen. Wie oft sagen Menschen, dass sie mit dem Glauben nichts am Hut haben! Sie sind diesbezüglich wie Taubstumme, die nicht hören und auch nicht sprechen können.
Diese Behinderung hebt Jesus durch die Taufe auf. Der Getaufte erhält die Fähigkeit, Gottes Wort zu hören und weiterzugeben. Der Effata-Ritus, bei dem der Taufende Ohren und Mund des Täuflings berührt und Jesu Heilswort wiederholt, macht dies deutlich.
Das biblische Bild von der Heilung durch Jesus vor Augen, bitten wir, verbunden mit Maria, den Herrn darum, uns und unsere Mitmenschen immer mehr zu befähigen, das Evangelium zu hören und durch unser Leben zu verkünden.

Gesätz

Lied GL 149,1.3 (Liebster Jesu, wir sind hier)

ABSCHLUSS

Gebet Herr Jesus Christus, dir verdanken wir das Heil, das uns in der Taufe geschenkt wurde. Du hast es uns erworben durch deinen Tod und deine Auferstehung. Wir bitten dich: Erneuere durch deinen Geist in uns die Taufgnade, damit wir nicht nur Christen heißen, sondern es auch sind und die Liebe weitergeben, die du uns geschenkt hast. Darum bitten wir dich, der du mit dem Vater und dem Heiligen Geist lebst und für uns da bist jetzt und in Ewigkeit.

Segen und Entlassung

Lied GL 478,3 (Ein Haus voll Glorie schauet)

2
IN BROT UND WEIN
EUCHARISTIE

1. Jesus, der unser Gastgeber ist
2. Jesus, der uns sein Evangelium verkündet
3. Jesus, der uns das Brot bricht
4. Jesus, der uns zum Hochzeitsmahl lädt
5. Jesus, der uns in den Alltag sendet

ERÖFFNUNG

Lied GL 477,1 (Gott ruft sein Volk zusammen)

Einführung Es ist sinnvoll, den Rosenkranz mit Blick auf die Eucharistie zu beten. In ihr feiern wir das Andenken an Jesu Leben und Sterben. Das betrachtende Gebet mit der Perlenkette in der Hand hat denselben Inhalt. Es geht darum, an der Hand Mariens die Lebensstationen Jesu abzuschreiten, die er für uns gegangen ist. Dabei ist sein Abendmahl von besonderer Bedeutung. Es ist sein Vermächtnis an uns. Mit den Gesätzen dieses Rosenkranzes können wir die Feier der Eucharistie, zu der wir immer wieder eingeladen sind, nachwirken lassen und vertiefen.

Lobpreis GL 673

Lied Du hast uns, Herr, gerufen (GL-Diözesananhänge)
oder GL 146 (Du rufst uns, Herr, an deinen Tisch)

ROSENKRANZGEBET

1. Jesus, der unser Gastgeber ist

Schrifttext Als Jesus mit ihnen bei Tisch war, nahm er das Brot, sprach den Lobpreis, brach das Brot und gab es den Jüngern. (Lk 24,30)

Impuls Dieser Schrifttext zeichnet Jesus als Gastgeber. Oft war er zu Gast bei den Menschen, die ihn einluden. Wir sehen ihn auf der Hochzeit zu Kana, am Tisch eines Pharisäers, im Haus des Zöllners Zachäus.
Hier nun ist er selbst der Gastgeber im Dorf Emmaus, nach einem gemeinsamen Weg mit zwei enttäuschten Jüngern. Die Art, wie er dieses Mahl gestaltet, erinnert an ein anderes Mahl, das er vor seinem Leiden und Sterben mit seinen Jüngern gehalten hat: sein letztes Abendmahl. Die Erinnerung daran führt dazu, dass die beiden Jünger ihn, der ihnen bis zu diesem Augenblick fremd war, beim Brotbrechen als Auferstandenen erkannten.
Jesus ist ein großzügiger Gastgeber. Für seine Gäste gibt er alles, was er hat, sogar sein Leben. Er ist auch unser Gastgeber. Das Brot, das er für uns bricht, schenkt ewiges Leben. „Ich bin das lebendige Brot, das vom Himmel herabgekommen ist. Wer von diesem Brot isst, wird in Ewigkeit leben", sagt Jesus (Joh 6,51). Gibt es einen größeren Gastgeber?
Schauen wir uns im Rosenkranzgebet den göttlichen Gastgeber an und fühlen wir uns wohl bei ihm. Das kann auch unsere Gastfreundschaft bestärken. Lasst uns mit Maria, die Jesus die Liebe zu den Menschen vorlebte, um die Gastfreundschaft der Christen beten.

Gesätz

Lied GL 216,2 (Im Frieden dein)

2. Jesus, der uns sein Evangelium verkündet

Schrifttext Jesus ging wieder nach Galiläa; er verkündete das Evangelium Gottes und sprach: Die Zeit ist erfüllt, das Reich Gottes ist nahe. Kehrt um und glaubt an das Evangelium! (Mk 1,14–15)

Impuls Zu jeder Eucharistiefeier gehört das Wort Gottes. Durch die Kirche verkündet uns Jesus sein Evangelium. Das Zweite Vatikanische Konzil hat uns Christen die Bedeutung der Heiligen Schrift neu ans Herz gelegt: Uns wird in der Eucharistiefeier ein doppelter Tisch gedeckt, der des Wortes und der des Brotes. Jesus ist bereits in seinem Wort unter uns gegenwärtig. Gottes Wort ist auch Nahrung für unsere Seele. Schauen wir deshalb auf Jesus, wie er das Evangelium von einer guten Zukunft durch Gott verkündet. Seien wir ein guter Ackerboden, der den göttlichen Samen aufnimmt und Frucht werden lässt. Beten wir, verstärkt durch die Fürsprache Mariens, um bereitwillige Aufnahme des Evangeliums bei allen Völkern.

Gesätz

Lied GL 449,1–2 (Herr, wir hören auf dein Wort)

3. Jesus, der uns das Brot bricht

Schrifttext Jesus, der Herr, nahm in der Nacht, in der er ausgeliefert wurde, Brot und sagte: Das ist mein Leib für euch. Tut dies zu meinem Gedächtnis. (1 Kor 11,23–24)

Impuls In der Feier der Eucharistie hören wir diesen Bericht des Apostels Paulus wie auch den vom Kelch mit besonderer Andacht. Wir sprechen von den Wandlungsworten, weil Brot und Wein durch das Gedenken gewandelt werden in Leib und Blut Christi. Jesu Hingabe für uns wird in der Feier des Brotbrechens gegenwärtig. Das gebrochene Brot ist ein sprechendes Bild für den gebrochenen Mann am Kreuz. Wie gebrochenes Brot als Nahrung ausgeteilt wird, so ist

Jesu Tod Leben für die Welt. Jesus wird zum Gastgeber, der den Menschen nicht etwas gibt, sondern sich selbst hingibt. „Es gibt keine größere Liebe, als wenn einer sein Leben für seine Freunde hingibt", sagt Jesus. Wenn der Priester am Altar die Hostie bricht, sehen wir darin Jesus, der uns das Brot bricht. Vertiefen wir dieses Bild seiner Liebe in uns und beten wir mit der Mutter des Herrn darum, dass die Menschen auch heute Zugang finden zu dieser Quelle des Heiles.

Gesätz

Lied GL 282,1–2 (Beim letzten Abendmahle)

4. Jesus, der uns zum Hochzeitsmahl lädt

Schrifttext Der König sagte zu seinen Dienern: Das Hochzeitsmahl ist vorbereitet. Geht hinaus auf die Straßen und ladet alle, die ihr trefft, zur Hochzeit ein. (Mt 22,8–9)

Impuls Jesus liebt es, in Gleichnissen zu reden. So spricht er von einem König, der zum Hochzeitsmahl seines Sohnes einlädt. Wir kennen die Geschichte: Die Geladenen kommen nicht. Schließlich weitet der König seine Einladung an alle aus, damit das Fest stattfinden kann. Mit dem König ist Gott gemeint oder auch Jesus selber. Er lädt ja die Menschen ein zur Gemeinschaft mit Gott. Alle sollen Platz finden an seinem Tisch im Himmelreich.
Seine Einladung ergeht auch an uns. Bereits in der Taufe hat er uns dazu das Festgewand überreicht. Jede Eucharistiefeier ist ein Vorspiel des göttlichen Hochzeitsmahls, bei dem ein Platz für uns vorgesehen ist. Der Einladung zu diesem festlichen Mahl nicht zu folgen, wäre unhöflich und dumm. Reagieren wir also nicht mit Ablehnung, sondern mit freudiger Annahme. Es ist schließlich unser Glück. Wir sehen Jesus, wie er uns anschaut mit seinem freundlichen Blick, wie er uns einlädt, zu kommen. Wie einen

Film lassen wir dieses Bild vor unserem inneren Auge ablaufen und freuen uns, zu den geladenen Gästen des Herrn zu zählen. Mit Maria beten wir, dass niemand die göttliche Einladung ausschlägt.

Gesätz

Lied   GL 357,4 (Wie schön leuchtet der Morgenstern)
oder   GL 554,1–2 (Wachet auf)

5. Jesus, der uns in den Alltag sendet

Schrifttext   Jesus sagte zu seinen Jüngern: Friede sei mit euch! Wie mich der Vater gesandt hat, so sende ich euch. Nachdem er das gesagt hatte, hauchte er sie an und sprach zu ihnen: Empfangt den Heiligen Geist! (Joh 20,21–22)

Impuls   Das Wort Messe bedeutet Sendung. Die heilige Messe ist eine Sendungsfeier. Wer mit Jesus Gemeinschaft hat, lässt sich für das Reich Gottes begeistern. Wie Jesus der Gesandte Gottes ist, um den Menschen die göttliche Liebe zu offenbaren, so sind auch wir Gesandte, die der Welt den Frieden bringen sollen. Wir sind ausgerüstet mit der Kraft des Heiligen Geistes und in der Lage, die Welt zu verändern. Wenn wir das Wort Gottes gehört und das Mahl des Herrn gefeiert haben, sendet uns Jesus in den Alltag der Menschen, um mitten in der Welt den Glauben weiterzugeben durch Wort und Tat. Führen wir uns unseren Alltag vor Augen mit allem, was immer wieder auf uns zukommt, und verstehen wir uns als Boten Jesu, die der Welt etwas Kostbares zu geben haben: die Hoffnung auf ein Leben in Fülle.
Mit Maria, die Jesus in seiner Sendung unterstützt hat, beten wir für alle, die ihren Glauben im Alltag zur Sprache bringen und leben.

Gesätz

Lied   GL 481,5 (Sonne der Gerechtigkeit)

ABSCHLUSS

Fürbitten Herr Jesus Christus, in deinem heiligen Mahl hast du uns ein Denkmal deiner Liebe hinterlassen. Wir haben miteinander bedacht, welche Botschaften von deinem Mahl für uns ausgehen. Wir bitten dich nun:
- Für die Teilnehmer an deinem Tisch, dass sie sich als gute Gastgeber für andere erweisen.

Christus, höre uns!
- Für alle Christen, dass sie dein Wort überzeugend an andere weitergeben.
- Für alle, die zur Kommunion gehen, dass sie ihr Brot mit den Hungernden teilen.
- Für Getaufte, die der Eucharistie fernstehen, dass sie der Einladung zu deinem Mahl Gehör schenken.
- Für die jungen Christen, dass sie sich für den Glauben einsetzen.

Herr, wir danken dir, dass du uns hörst und erhörst, wenn wir zu dir beten – heute und in Ewigkeit.

Vaterunser

Gebet Gott, unser Vater, dein Sohn Jesus Christus hat seinen Jüngern versprochen, bei ihnen zu bleiben bis zum Ende der Zeit. Er ist bei uns, wenn wir sein Wort hören und sein heiliges Mahl feiern. Wir danken dir für alle Zeichen seiner Gegenwart und freuen uns, dass wir in Gemeinschaft mit ihm für andere da sein können. Lass uns seinen Spuren folgen, bis wir zum Festmahl gelangen, das du uns bereitet hast und wo wir dich schauen, wie du bist, in Ewigkeit.

Segen

Lied GL 364,5 (Schönster Herr Jesu)

3
UNS IM ZEICHEN ZUGEWANDT

SAKRAMENTE

1. Jesus, der uns seinen Geist geschenkt hat (Firmung)
2. Jesus, der uns zur Umkehr ruft (Buße)
3. Jesus, der uns als Heiland stärken will (Krankensalbung)
4. Jesus, der sich uns antraut (Trauung)
5. Jesus, der uns in seinen Dienst ruft (Weihe)

ERÖFFNUNG

Lied GL 478,1.3 (Ein Haus voll Glorie schauet)

Einführung Die Sakramente sind Zeichen der Gegenwart Jesu. Er spricht uns nicht nur an, er berührt uns auch. In ganz bestimmten Situationen können wir ihn spüren durch das Wirken der Kirche, die in seinem Auftrag handelt. So empfangen Christen in der Firmung die Gaben des Heiligen Geistes, im Sakrament der Buße Vergebung, in der Krankensalbung Stärkung, in der Eheschließung Jesu Nähe und Treue und in der Weihe zum geistlichen Dienst seine Prägung und sein Geleit.
Wenn wir uns im Rosenkranzgebet an die Momente erinnern, in denen Jesus uns mit seinen Gaben ganz nahe war, kann seine Gnade in uns neu wirksam werden. Wir betrachten die Sakramente, um neu mit Jesus unsere Wege zu gehen. Maria wird dabei unsere Fürsprecherin sein.

Lobpreis Herr,
du bist in den Himmel aufgefahren
und dennoch hier
in deinem Wort
und in den Sakramenten.

In ihnen winkst du uns zu,
reichst uns die Hand,
umarmst uns,
schenkst uns deine Zärtlichkeit.
Wir sind nicht von Gott verlassen,
verwaist und ohne Hilfe.
In Freud und Leid bist du uns nahe,
nimmst teil an dem,
was uns bewegt,
schenkst Kraft
und auch ein Lachen.
Wir danken dir
und preisen dich
als unseren Bruder und Freund
jetzt in der Zeit und einst in Ewigkeit.

Lied   GL 478,4

ROSENKRANZGEBET
1. Jesus, der uns seinen Geist geschenkt hat

Schrifttext   Als die Apostel in Jerusalem hörten, dass Samarien das Wort Gottes angenommen hatte, schickten sie Petrus und Johannes zu ihnen. Diese zogen hinab und beteten für sie, sie möchten den Heiligen Geist empfangen. Denn er war noch auf keinen von ihnen herabgekommen; sie waren nur auf den Namen des Herrn getauft. Dann legten sie ihnen die Hände auf, und sie empfingen den Heiligen Geist. (Apg 8,14–17)

Impuls   Christen, die in Jerusalem verfolgt wurden, waren nach Samarien geflohen, wo sie relativ geschützt waren. Dort verbreiteten sie ihren Glauben, so dass in ihrer neuen Heimat christliche Gemeinden entstanden. Den Christen fehlte allerdings im Vergleich zur Jerusalemer Urgemeinde der Elan, den der Heilige Geist an Pfingsten den Gläubigen geschenkt hatte. Da war es gut, dass die Apostel Petrus und Johannes zu ihnen kamen, um ihnen durch Gebet und Handauflegung die Kraft des Heiligen Geistes zu vermitteln, wie wir es im Sakrament der Firmung tun.

Damals hatte das große Wirkung. Die Christen zeigten ein ungeheures Engagement, so dass sich das Christentum wie ein Lauffeuer in der damaligen Welt ausbreitete. Heute ist von einer solchen Wirkung nach der Firmung kaum noch etwas zu spüren. Es liegt aber nicht am Heiligen Geist. Es ist oft die fehlende Bereitschaft der Christen, sich von ihm ergreifen zu lassen und mitzutun.

Wenn einer sich ans Steuer eines Autos setzt, aber nicht startet, wird der Wagen nicht fahren. Beim Glauben ist das genauso. Darum ist es sinnvoll, im Rosenkranzgebet an die Gabe des Heiligen Geistes zu erinnern und um die Bereitschaft besonders auch der jungen Christen zu beten, etwas damit anzufangen. Maria, die an Pfingsten die Geistsendung miterlebt hat, wird mit uns beten.

Gesätz

Lied GL 351,1–2 (Komm, Schöpfer Geist)

2. Jesus, der uns zur Umkehr ruft

Schrifttext Jesus verkündete das Evangelium Gottes und sprach: Die Zeit ist erfüllt, das Reich Gottes ist nahe. Kehrt um und glaubt an das Evangelium! (Mk 1,14–15)

Impuls Wir Menschen können in eine Sackgasse geraten, auch wir Christen. Wir können uns regelrecht verlaufen. Es hat keinen Sinn, den falschen Weg einfach fortzusetzen. Wir müssen umkehren, uns neu orientieren und dann den von Jesus angegebenen Weg gehen. Wir sprechen von Umkehr oder Buße. Manche hören das Wort Buße nicht gerne. Gemeint sind aber nicht strenge Bußriten, sondern eine Rückkehr auf den gemeinsamen Weg mit Gott, der uns als barmherziger Vater entgegenkommt und unseren Lebensweg frei und froh machen möchte. Erinnern wir uns an die Möglichkeit der Umkehr, zu der Jesus uns ruft, und bitten wir ihn auf die Fürsprache Mariens um Vergebung unserer Sünden.

Gesätz

Lied GL 272,1.3 (Zeige uns, Herr, deine Allmacht und Güte)

3. Jesus, der uns als Heiland stärken will

Schrifttext Ist einer von euch krank, dann rufe er die Ältesten der Gemeinde zu sich; sie sollen Gebete über ihn sprechen und ihn im Namen des Herrn mit Öl salben. Das gläubige Gebet wird den Kranken retten, und der Herr wird ihn aufrichten; wenn er Sünden begangen hat, werden sie ihm vergeben. (Jak 5,14–15)

Impuls Jesus ist der Heiland der Menschen. Er hat das Reich Gottes verkündet und Kranke geheilt.
Auch den Aposteln hat er den Auftrag gegeben, Kranke zu heilen. Der Apostel Jakobus erinnert an diese Praxis der Kirche. Wir sprechen von der Krankensalbung. Dabei geht es vor allem um Stärkung. Jesus will den Kranken noch immer nahe sein, will ihnen Heilung und Heil schenken.
Das kann durchaus zu körperlicher Heilung führen, beinhaltet aber mehr als das. Es geht um das umfassende Heil. Jesus heilt den Menschen ganz und stärkt in ihm das ewige Leben.
Bitten wir ihn in diesem Gesätz mit Maria, sich an den Kranken und Schwachen als Heiland zu erweisen.

Gesätz

Lied GL 470,3 (Wenn das Brot, das wir teilen)

4. Jesus, der sich uns antraut

Schrifttext Darum wird der Mann Vater und Mutter verlassen und sich an seine Frau binden, und die zwei werden ein Fleisch sein. Dies ist ein tiefes Geheimnis. Ich beziehe es auf Christus und die Kirche. (Eph 5,31–32)

Impuls Der Apostel Paulus erklärt den Christen in Ephesus das Verhältnis Christi zu seiner Kirche. Es ist wie eine Ehe. Jesus hat sich seiner Kirche und damit uns angetraut. Man könnte sagen: Er ist mit uns untrennbar verheiratet. Diese Treue Jesu zu seiner Kirche soll sich in der Liebe der Eheleute widerspiegeln. Wo das der Fall ist, ist Jesus gegenwärtig und die Ehe als Sakrament ein Ort göttlichen Handelns. Darum ist es wichtig, Respekt vor der Ehe zu haben. Sie ist keine rein weltliche Angelegenheit, sondern ein Zeichen der Bindung Jesu an uns. Beten wir, dass die Ehen als das, was sie von Gott her sind, gelingen.

Gesätz

Lied GL 361,1–2 (Mein schönste Zier)

5. Jesus, der uns in seinen Dienst ruft

Schrifttext Vernachlässige die Gnade nicht, die in dir ist und die dir verliehen wurde, als dir die Ältesten aufgrund prophetischer Worte gemeinsam die Hände auflegten. (1 Tim 4,14)

Impuls Jesus will sein Wirken durch die Kirche fortsetzen. Dazu braucht er Menschen. Grundsätzlich sind alle Christen dazu berufen, das Evangelium zu verkünden. Das Zweite Vatikanische Konzil hat die Gleichwertigkeit aller Dienste in den Gemeinden betont. Dennoch gibt es das Amt in der Kirche. Von Beginn an wurden Gemeindemitglieder durch Handauflegung mit besonderen Aufgaben betraut. Wir sprechen auch von Weihe. So erinnert der Apostel Paulus sei-

nen Schüler Timotheus an diesen wichtigen Moment seines Lebens. Er soll die Gnade nicht vernachlässigen, die ihm durch die Weihe verliehen wurde.
Es ist wichtig, dass wir uns an unsere jeweilige Beauftragung erinnern, ganz gleich ob Firmung, Diakonen-, Priester- oder Bischofsweihe. Beten wir in Gemeinschaft mit Maria für alle, die Jesus in seinen Dienst gerufen hat!

Gesätz

Lied GL 483,2 (Halleluja – Ihr seid das Licht)

ABSCHLUSS

Gebet Herr, wir danken dir, dass du uns auf unserem Lebensweg begleitest, uns Kraft gibst für unser Wirken und Trost, wenn wir traurig sind. Wir bitten dich: Bleibe bei uns an allen Tagen unseres Lebens, in Freud und Leid, in Gesundheit und Krankheit. Lass uns nie vergessen, dass du unser aller Bruder bist, auf den wir uns stets verlassen können. Dir sei Lob und Preis jetzt und in Ewigkeit.

Segen Mit deinem Segen, Herr, beenden wir unser Gebet. Hilf uns, dass auch wir ein Segen sind für die Welt. Nimm dich all der Sorgen und Nöte an, die deine Mutter dir im Namen der Notleidenden vorträgt. Schenke uns Frieden und Freude jetzt und alle Zeit bis in Ewigkeit.
So segne du uns, Gott: du, Vater, Sohn und Heiliger Geist.

Lied GL 530,1.4 (Maria, Mutter unsres Herrn)

4
WORT DES EWIGEN LEBENS

WORT GOTTES

1. Jesus, der das Wort Gottes ist
2. Jesus, dessen Worte nicht vergehen werden
3. Jesus, in dem die Schrift erfüllt ist
4. Jesus, dessen Wort uns gesund macht
5. Jesus, der Worte des ewigen Lebens hat

ERÖFFNUNG

Lied   GL 449,1–2 (Herr, wir hören auf dein Wort)

Einführung   Seit dem letzten Konzil hat das Wort Gottes auch in der katholischen Kirche eine ganz neue Bedeutung erhalten. Manche sprechen sogar von der „Wiederentdeckung der Bibel". Die Heilige Schrift wird nicht mehr als Offenbarung über Gott angesehen, sondern in ihr offenbart sich Gott selbst. In der Konstitution „Dei Verbum" heißt es: „Gott hat in seiner Güte und Weisheit beschlossen, sich selbst zu offenbaren und das Geheimnis seines Willens kundzutun." Mit großem Respekt vor dem Wort Gottes sagt das Konzil: „In dieser Offenbarung redet der unsichtbare Gott aus überströmender Liebe die Menschen an wie Freunde und verkehrt mit ihnen, um sie in seine Gemeinschaft einzuladen und aufzunehmen." Schließlich sprechen die Konzilsväter davon, dass die Kirche in den heiligen Schriften zusammen mit der Überlieferung die höchste Richtschnur ihres Glaubens sieht.
Das Lehramt der Kirche ist nicht über dem Wort Gottes, sondern dient ihm. Diese Sicht hat sehr zur Förderung der Ökumene beigetragen.
Jesus ist nicht nur in den Sakramenten gegenwärtig, sondern auch in seinem Wort, das der heilige Augusti-

nus ein „hörbares Sakrament" genannt hat. Er ist das Mensch gewordene Wort Gottes. Dies an der Hand Mariens zu bedenken, kann das Wort Gottes in uns lebendig werden lassen und den Glauben festigen.

Lobpreis Ein Wort von Mensch zu Mensch
kann eine Wohltat sein.
Ein Wort von Gott zu mir
bringt mir den Frieden ein.

Dein Wort, o Herr, ist Speise
für meinen Lebensweg,
auf meiner Pilgerreise
mit manchem steilen Steg.

Ich danke dir von Herzen
für jedes liebe Wort.
Im Glück und auch bei Schmerzen
trägt es mich fort und fort.

Lied GL 543,1 (Wohl denen, die da wandeln)

ROSENKRANZGEBET

1. Jesus, der das Wort Gottes ist

Schrifttext Und das Wort ist Fleisch geworden und hat unter uns gewohnt, und wir haben seine Herrlichkeit gesehen, die Herrlichkeit des einzigen Sohnes vom Vater, voll Gnade und Wahrheit. (Joh 1,14)

Impuls Bei jedem Angelusläuten sprechen wir neu diese Weihnachtsbotschaft aus: Jesus ist das menschgewordene Wort Gottes. In ihm hat das göttliche Wort, das seit Ewigkeit besteht, im wahrsten Sinne Hand und Fuß bekommen. Gottes Wort ist nicht nur zu hören, sondern zu sehen, anzufassen, zu spüren. Weil von diesem Wort das Heil ausgeht, wollten Menschen Jesus berühren, Kontakt mit ihm haben.

Wenn wir die Gemeinschaft mit Jesus suchen in Wort und Sakrament und nicht zuletzt in der Liebe zu den Armen, dann finden wir Kontakt zum schöpferischen Wort Gottes, in dem alles erschaffen wurde, wie Paulus im Kolosserbrief sagt (Kol 1,16). So lasst uns dieses Geheimnis betrachten, wie Maria Jesus umarmen, um Gottes Wort, das unter uns gewohnt hat, anzunehmen als Quelle des Heiles.

Gesätz

Lied   GL 543,3

2. Jesus, dessen Worte nicht vergehen werden

Schrifttext   Jesus antwortete: Himmel und Erde werden vergehen, aber meine Worte werden nicht vergehen. (Mt 24,35)

Impuls   Worte sind oft Schall und Rauch. Im Zeitalter der Medien haben wir es mit einer Inflation der Worte zu tun. Was hören die Menschen nicht alles den Tag über! Oft aber ist auf all diese Worte kein Verlass. Die Werbung verspricht den Menschen alles Mögliche, hält aber häufig nicht ein, was sie anpreist. Wirklich verlässliche Worte sind heute eine Seltenheit.
Ganz anders verhält es sich mit dem Wort Gottes. Es hat Bestand für immer. Was Gott verheißt, wird Realität. Auch bei Jesus stimmten Wort und Tat überein. So wollen wir nun diese Beständigkeit der Worte Jesu unter dem Schutz Mariens bedenken und dafür danken.

Gesätz

Lied   GL 543,5

3. Jesus, in dem die Schrift erfüllt ist

Schrifttext Jesus versammelte die Zwölf um sich und sagte zu ihnen: Wir gehen jetzt nach Jerusalem hinauf; dort wird sich alles erfüllen, was bei den Propheten über den Menschensohn steht. (Lk 18,31)

Impuls Jesu Weg durch Leiden und Tod hin zur Auferstehung ist kein Zufall. Die Propheten haben es lange schon vorhergesehen und in den heiligen Schriften aufgeschrieben. In den Berichten über Jesus von der Geburt bis zum Tod heißt es in der Bibel immer wieder: „... damit die Schrift erfüllt werde". Das muss man nicht mit Vorher*bestimmung* erklären, sondern mit Vorher*wissen*.

Auch in unserem Leben geschieht nichts, was Gott nicht schon gewusst hätte. Wir sind natürlich versucht zu fragen, warum er dann so manches nicht verhindert. Das könnte man auch bei Jesus fragen. Wir haben darauf keine Antwort. Wir glauben nur, dass nichts ohne Gottes Wissen geschieht und dass er am Ende alles zum Guten führt, wie wir es bei der Auferstehung Jesu sehen. Unser Leben endet nicht im Nichts, sondern in Erfüllung dessen, was die Schrift verheißt. All das wie Maria, die über alle Geschehnisse um Jesus nachdachte (Lk 2,19), betend zu betrachten, lohnt sich.

Gesätz

Lied GL 423,3 (Wer unterm Schutz)

4. Jesus, dessen Wort uns gesund macht

Schrifttext Ein Hauptmann bat Jesus: Herr, mein Diener liegt gelähmt zu Hause und hat große Schmerzen. Jesus sagte zu ihm: Ich will kommen und ihn gesund machen. Da antwortete der Hauptmann: Herr, ich bin nicht wert, dass du mein Haus betrittst; sprich nur ein Wort, dann wird mein Diener gesund. ... Jesus sagte zum Hauptmann: Geh! Es soll geschehen, wie du geglaubt hast. Und in derselben Stunde wurde der Diener gesund. (Mt 8,5–8.13)

Impuls Wir kennen diese Bitte des Hauptmanns um Heil durch Jesu Wort. Wir sprechen sie vor dem Kommunionempfang und setzen an die Stelle des kranken Dieners unsere Seele. Das Ziel ist das gleiche. Es geht um Heilung. Jesu Wort macht gesund. Wir dürfen dies allerdings nicht zu kurz fassen wie diejenigen, die um Gesundheit beten und dann enttäuscht sind, wenn sie ausbleibt. Bei Jesus geht es immer um das ganze Heil für Leib und Seele. So erfahren Behinderte in Lourdes oft keine körperliche Heilung, aber sie können ihr Leid tragen, ohne zu verzweifeln. Auch nützt Gesundheit nichts, wenn die Seele krank bleibt. So ist es gut, Jesus mit Unterstützung seiner Mutter um sein heilendes Wort zu bitten, ihm allerdings zu überlassen, wie er heilt.

Gesätz

Lied GL 422,3 (Ich steh vor dir)

5. Jesus, der Worte des ewigen Lebens hat

Schrifttext Daraufhin zogen sich viele Jünger zurück und wanderten nicht mehr mit ihm umher. Da fragte Jesus die Zwölf: Wollt auch ihr weggehen? Simon Petrus antwortete ihm: Herr, zu wem sollen wir gehen? Du hast Worte des ewigen Lebens. (Joh 6,67–68)

Impuls Dass Menschen nicht mehr mit Jesus umherwandern, kennen wir auch aus unserer Zeit. Das zeigen nicht nur die zahlreichen Kirchenaustritte in unserem Land und die kleiner werdende Zahl der Mitfeiernden beim Gottesdienst. Christen fragen sich, warum sie denn bleiben sollen. Veranlassung, wegzugehen, gibt es schließlich genug. Ärgernisse und Skandale aus dem Raum der Kirche sind nicht zu übersehen.

Gerade dann aber ist es wichtig, darauf hinzuweisen, was Kirche uns vermittelt. Es geht nicht um Unterhaltung. Die ist auch anderswo zu finden, oft sogar besser. Es geht um Worte des ewigen Lebens, über die Jesus verfügt und die durch die Kirche vermittelt werden. Nur wenn wir um diesen Schatz wissen, werden wir bleiben. Darum ist es so wichtig, nach dem Vorbild Mariens daran zu denken und den Schatz zu betrachten, der uns unendliche Freude schenkt.

Gesätz

Lied GL 361,1.3 (Mein schönste Zier)

ABSCHLUSS

Gebet Herr, die vielen Worte, die wir täglich hören, sind oft Schall und Rauch. Deine Worte aber sind Licht und Leben. Hilf uns, dass wir offen bleiben für das, was du uns sagen willst, damit wir zuversichtlich unseren Lebensweg gehen mit Proviant im Gepäck, der uns stärkt auf dem Weg zu dir. Dank sei dir, heute und in Ewigkeit.

Segen Es segne uns und alle, die wir im Herzen tragen, der liebende Gott:
der Vater, der Sohn und der Heilige Geist.

Lied GL 143,2 (Mein ganzes Herz erhebet dich)

5
DAS HABT IHR MIR GETAN

CHRISTUS IN UNSEREM NÄCHSTEN

1. Jesus, der uns im Kranken begegnet
2. Jesus, der uns im Obdachlosen begegnet
3. Jesus, der uns im Fremden begegnet
4. Jesus. der uns im Hungrigen begegnet
5. Jesus, der uns im Bloßgestellten begegnet

ERÖFFNUNG

Lied GL 230,1.4–6 (Gott, heilger Schöpfer)

Einführung Im Rosenkranzgebet das Weltgericht zu betrachten, das uns die Bibel ankündigt, ist sicher klug. Es geht schließlich um unsere Zukunft. Unser Verhalten hier und heute entscheidet darüber, ob wir am Ende glücklich sind oder nicht. Alles hängt von der Begegnung mit Christus ab, der uns als kommender Richter vorgestellt wird. Ihm begegnen wir vor allem in den Notleidenden. Mit ihnen identifiziert sich Jesus. „Ich war hungrig, und ihr habt mir zu essen gegeben" (Mt 25,35), sagt er den Menschen auf der rechten Seite bei seiner Urteilsverkündung am Ende der Zeit. Entsprechend negativ ist das andere Verhalten derer auf der linken Seite.
Wir müssen das Evangelium vom Weltgericht nicht als Drohbotschaft verstehen. Es ist vielmehr eine Einladung, die Jesus ausspricht, die Chance für ein gelingendes Leben, wenn wir wie Jesus und Maria Glauben und Handeln in Übereinstimmung bringen.

Lobpreis GL 680,9 (*von* „Herr Jesus Christus" *bis* „erfahren")

Lied GL 84,4 (Morgenglanz der Ewigkeit)

ROSENKRANZGEBET

1. Jesus, der uns im Kranken begegnet

Schrifttext Der König wird denen auf der rechten Seite sagen: Ich war krank und ihr habt mich besucht. (Mt 25,36)

Impuls Jesus begegnet uns im Kranken. Der Krankenbesuch zählt zu den leiblichen Werken der Barmherzigkeit. Kranke ermutigen, trösten und pflegen entspricht dem Auftrag Jesu an seine Jünger. „Heilt Kranke!", sagt Jesus (Mt 10,8).
Die Begegnung mit den Kranken ist für uns Christen allerdings mehr als ein bloßer sozialer Dienst. In ihnen begegnet uns Christus. Der Dienst an den Kranken ist keine Einbahnstraße. Es kommt in ihnen Heil zurück von dem, der in ihnen präsent ist, von Jesus selbst. Lasst uns daran denken und der Begegnung mit den Kranken eine neue Qualität geben mit Maria, dem Heil der Kranken, in unserer Nähe.

Gesätz

Lied GL 377,2 (O Jesu, all mein Leben bist du)

2. Jesus, der uns im Obdachlosen begegnet

Schrifttext Der König wird denen auf der rechten Seite sagen: Ich war obdachlos und ihr habt mich aufgenommen. (Mt 25,35)

Impuls Wohnungslose haben ein hartes Schicksal. Wer kein Dach über dem Kopf hat, ist der Kälte, dem Regen und vielen Gefahren ausgesetzt. Nicht nur Menschen, die nachts auf der Parkbank schlafen, sollten uns leidtun, sondern auch die vielen Flüchtlinge, die ihre Heimat verlassen, weil sie verfolgt und häufig mit dem Tod bedroht werden. Hinzu kommen Menschen, die in ihren Ländern keine Zukunft mehr sehen und auf Hilfe bei uns hoffen.
Die Aufnahmebereitschaft in unserem Land ist sehr unterschiedlich. Das geht von Ablehnung bis zu gro-

ßer Hilfsbereitschaft. Christen haben da keine Wahl. Uns hat Jesus ins Stammbuch geschrieben, dass wir in den Obdachlosen ihm selbst begegnen. Wenn wir ihn aufnehmen, wird er sich dereinst für uns einsetzen. Beten wir für Obdachlose und ihre Helfer mit Maria, die alle Schutzbedürftigen unter ihren Mantel nimmt.

Gesätz

Lied Brich dem Hungrigen dein Brot, Str. 1–2 (GL-Diözesananhänge)
oder GL 474,1.4 (Wenn wir das Leben teilen)

3. Jesus, der uns im Fremden begegnet

Schrifttext Der König wird denen auf der rechten Seite sagen: Ich war fremd und ihr habt mich aufgenommen. (Mt 25,35)

Impuls Die Aufforderung, Fremde freundlich zu behandeln und zu unterstützen, zieht sich durch die gesamte Bibel. „Einen Fremden sollst du nicht ausnützen oder ausbeuten, denn ihr selbst seid in Ägypten Fremde gewesen", heißt es im Buch Exodus (Ex 22,20).
Jesus selbst setzt sich mit den Fremden gleich. „Ich war fremd", sagt er in der Gerichtsrede und fordert uns damit auf, Fremde aufzunehmen. Unsere Einstellung zu den Menschen, die aus Not zu uns kommen, ist mitentscheidend für unsere Aufnahme bei Gott, wenn unser irdisches Leben zu Ende geht.
Von daher erhält die Diskussion um Einwanderung für uns Christen noch einmal eine ernsthafte Dimension. Nehmen wir diese Sorge mit ins Rosenkranzgebet, empfehlen wir die Fremden der Fürsprache Mariens und entdecken wir Jesus immer wieder neu in jedem, der als Fremder bei uns zu Gast ist.

Gesätz

Lied GL 266,6 (Bekehre uns, vergib die Sünde)

4. Jesus, der uns im Hungrigen begegnet

Schrifttext Der König wird denen auf der rechten Seite sagen: Ich war hungrig und ihr habt mir zu essen gegeben; ich war durstig und ihr habt mir zu trinken gegeben. (Mt 25,35)

Impuls „Essen und Trinken hält Leib und Seele zusammen", sagt ein Sprichwort. Hunger und Durst dagegen zerreißen den Menschen und führen am Ende zum Tod. Jesus wollte die Menschen nicht nur für das ewige Leben stärken, sondern auch für das Leben hier und heute. Schließlich gibt es auch ein Leben vor dem Tod. Jesu Heilssorge gilt immer dem ganzen Leben der Menschen. Darum hat er in der Wüste den hungrigen Scharen das Brot austeilen lassen. Bei der Speisung der Viertausend sagt er: „Ich habe Mitleid mit diesen Menschen" (Mk 8,2). Im Lateinischen steht das Wort „Misereor". Es ist bekanntlich das Leitwort für das Hilfswerk der deutschen Katholiken gegen Hunger und Krankheit in der Welt.

Jesus macht unsere Hilfsbereitschaft angesichts des Hungers vieler Menschen zum entscheidenden Kriterium für unsere Aufnahme in den Himmel. Es steht im Evangelium vom Jüngsten Gericht an erster Stelle. Niemand ist wirklich Christ, wenn er nicht das Brot mit dem Hungrigen teilt. Entdecken wir Christus in den vielen Hungernden dieser Welt und teilen wir mit ihm unser tägliches Brot auch als Chance für unser eigenes Heil. Mit Maria, der Trösterin der Betrübten, beten wir für alle Menschen in Elend und Not.

Gesätz

Lied GL 470,1 (Wenn das Brot, das wir teilen)

5. Jesus, der uns im Bloßgestellten begegnet

Schrifttext Der König wird denen auf der rechten Seite sagen: Ich war nackt und ihr habt mir Kleidung gegeben. (Mt 25,36)

Impuls Nackte bekleiden ist in den Werken der leiblichen Barmherzigkeit sicher zunächst wörtlich zu verstehen. Ohne Kleidung ist der Mensch völlig schutzlos. Er ist nicht nur der Kälte ausgesetzt, sondern auch der Verachtung der Menschen. Er verliert seine Würde.
Auch Bloßstellung ist eine Form von Nacktheit. Wir sprechen auch von Entblößung. Menschen können in ihrem Überlegenheitsstreben dazu übergehen, andere gleichsam zu entblößen und dadurch zu entwürdigen. Jesus selbst wurde vor seiner Kreuzigung seiner Kleider beraubt und dem Spott der Menschen ausgesetzt.
Als Christen sind wir aufgerufen, den Nackten Kleidung zu geben und die Bloßgestellten in Schutz zu nehmen. Im Zeitalter vermehrter Kommunikationsmittel werden häufig Unschuldige an den Pranger gestellt und durch Mobbing sogar in den Tod getrieben. Die Entwürdigung von Menschen durch Pornographie ist mehr als kriminell.
Jesus stellt sich vor die Opfer und versetzt sich in sie hinein. „Das habt ihr mir getan", sagt er sowohl denen, die Nackte bekleiden, als auch denen, die es unterlassen. Sehen wir den entblößten Jesus, wie er unser Kleid annimmt, und beten wir mit Maria am Leidensweg Jesu für die Entwürdigten in aller Welt.

Gesätz

Lied GL 470,3 (Wenn das Brot, das wir teilen)

ABSCHLUSS

Gebet Herr, unser Gott, wir haben das Wirken deines Sohnes Jesus Christus für uns Menschen betrachtet, haben seine Botschaft durch Wiederholung in uns vertieft. Damit verbunden haben wir dir unsere Anliegen vorgetragen. Wir danken dir, dass du offen bist für uns, die wir auf dem Weg sind zu dir. Schenke uns die Gaben des Heiligen Geistes, damit wir immer tiefer an das Evangelium glauben und täglich aus ihm leben. Hilf uns, an der Hand Mariens deinem Sohn nachzufolgen, bis wir einst bei dir ankommen in deiner ewigen Herrlichkeit. Darum bitten wir dich, der du mit deinem Sohn und dem Heiligen Geist lebst und wirkst jetzt und in Ewigkeit.

Segen und Entlassung

Marienlied GL 526 (Alle Tage sing und sage)

„SELIG, WEM CHRISTUS AUF DEM WEG BEGEGNET"

ROSENKRANZANDACHTEN
ZU BERUFUNG UND SENDUNG

6
ÖFFNE UNS DEINEM GEIST

BEGEISTERUNG

1. Jesus, der uns zum Tempel seines Geistes macht
2. Jesus, der mit dem Vater in uns wohnen will
3. Jesus, der uns liebt und sich uns offenbart
4. Jesus, der uns seine Werke vollbringen lässt
5. Jesus, der uns aufträgt, einander zu lieben

ERÖFFNUNG

Lied GL 347 (Der Geist des Herrn)

Einführung Maria hat sich begeistern lassen. Sie hat sich geöffnet für den Geist Gottes, der ihr Leben schlagartig verändert hat. Sie hat sich im Abendmahlssaal mit den anderen Jüngern vom Heiligen Geist erfüllen lassen und so den Geist Gottes in diese Welt getragen. Heute leben wir Christen als begeisterte Menschen in dieser Welt. Durch die Salbung bei der Taufe und der Firmung sind wir vom Geist Gottes erfüllt und legen mit seiner Hilfe Zeugnis ab für unseren Glauben. Wenn wir uns zum gemeinsamen Gebet versammeln, öffnen wir uns für das Wirken des Heiligen Geistes in unserem Herzen und stärken unsere Gemeinschaft. In dieser Gebetsgemeinschaft treten wir vor unseren Gott mit unseren Anliegen, Fragen, Hoffnungen und Freuden.

Kyrie-Rufe Herr Jesus Christus, öffne die Ohren unseres Herzens, damit wir deine Worte verstehen. Herr, erbarme dich.
Öffne unsere Herzen, damit der Heilige Geist uns zu Taten der Liebe bewegt. Christus, erbarme dich.
Öffne unsere Seelen, damit wir die Liebe des Heiligen Geistes spüren. Herr, erbarme dich.

Gebet Gütiger Gott, der Heilige Geist geht von dir aus und durchflutet unsere Welt. Erleuchte unsere Herzen durch das Wirken des Heiligen Geistes, damit wir erkennen können, was den Menschen dieser Welt fehlt. Lass uns deinem Heiligen Geist in unserem Herzen Raum geben, damit er durch uns wirken kann. Darum bitten wir durch Christus, unseren Herrn.

WORTVERKÜNDIGUNG

Schrifttext In jener Zeit sprach Jesus zu seinen Jüngern: Noch vieles habe ich euch zu sagen, aber ihr könnt es jetzt nicht tragen. Wenn aber jener kommt, der Geist der Wahrheit, wird er euch in die ganze Wahrheit führen. Denn er wird nicht aus sich selbst heraus reden, sondern er wird sagen, was er hört, und euch verkünden, was kommen wird. Er wird mich verherrlichen; denn er wird von dem, was mein ist, nehmen und es euch verkünden. Alles, was der Vater hat, ist mein; darum habe ich gesagt: Er nimmt von dem, was mein ist, und wird es euch verkünden. (Joh 16,12–15)

Impuls Das Leben geht weiter!
Mit diesem Satz trösten wir uns oder andere Menschen über Schwierigkeiten oder sogar Schicksalsschläge hinweg. Die Frage für uns Menschen, besonders für uns Christen, lautet jedoch: *Wie* geht unser Leben weiter? Nach manchen Erfahrungen des Lebens können wir nicht einfach zur Tagesordnung übergehen. Es bedarf einer Zäsur im Denken, Reden und Handeln. Eine Neuausrichtung auf das, was wesentlich in unserem Leben ist. In dem eben gehörten Evangelienabschnitt schaut Jesus schon weiter, in eine Zeit, in der er seine Jünger allein in die Welt und in den Alltag schickt. Ihr Leben geht weiter, auch ohne seine leibliche Gegenwart. Jedoch stellt sich für sie auch die Frage, wie es mit ihrem Jüngersein weitergeht. Jesus möchte ihnen Mut machen, dass sie auf den Heiligen Geist vertrauen dürfen, der ihnen

die Wahrheit zeigen wird. Sie werden erkennen, was wesentlich zu ihrem Leben dazugehört. Die Wahrheit des Heiligen Geistes ist die Neuausrichtung ihres Lebens unter dem Vorzeichen der Verkündigung des Reiches Gottes. Die Wahrheit des Heiligen Geistes ist die Erkenntnis, dass unser Glaube an die Auferstehung Jesu eine zentrale Bedeutung für mein Leben hat. Die Wahrheit des Heiligen Geistes ist es, dass ich meine Lebenserfahrungen in meine Lebensgeschichte einarbeiten kann, ohne daran zu zerbrechen. Wo uns Christen dies in der heutigen Zeit gelingt, können wir Boten des Wirkens des Heiligen Geistes sein und Zeugen für unseren Glauben.

Maria ist darin ein Vorbild. Sie hat sich dem Wirken Gottes geöffnet. Das wird nicht erst an Pfingsten deutlich, das zieht sich wie ein roter Faden durch ihr ganzes Leben. Vom ersten Ja, das sie dem Engel und damit Gott gegeben hat, bis hin zur Auferstehung. Das Vertrauen auf den Geist Gottes hat ihr Leben verändert, aber vor allem bereichert.

ROSENKRANZGEBET

1. Jesus, der uns zum Tempel seines Geistes macht

Lied   GL 342,1 (Komm, Heilger Geist, der Leben schafft)

Wir beten für das Wirken des Heiligen Geistes in unseren Pfarrgemeinden und in uns selbst.

Gesätz

2. Jesus, der mit dem Vater in uns wohnen will

Lied   GL 342,2

Wir beten für das Wirken des Heiligen Geistes in unseren Familien.

Gesätz

3. Jesus, der uns liebt und sich uns offenbart

Lied GL 342,3

Wir beten für das Wirken des Heiligen Geistes in den Verantwortlichen unserer Gesellschaft.

Gesätz

4. Jesus, der uns seine Werke vollbringen lässt

Lied GL 342,4

Wir beten für das Wirken des Heiligen Geistes an unseren Arbeitsstellen und Wirkungsstätten.

Gesätz

5. Jesus, der uns aufträgt, einander zu lieben

Lied GL 342,5

Wir beten für das Wirken des Heiligen Geistes durch uns.

Gesätz

Lied GL 342,6

ABSCHLUSS

Fürbitten Gottes Geist, den wir empfangen haben, kann durch uns die Welt erneuern. So wollen wir zu Gott beten und ihn bitten:
- Gott, unser Vater, sende deinen Geist allen Christen, damit sie dich vor den Menschen bezeugen.

Wir bitten dich, erhöre uns.
- Gott, unser Vater, sende deinen Geist in die Herzen der Verantwortlichen dieser Erde, damit sie sich für Frieden und Gerechtigkeit einsetzen.

- Gott, unser Vater, sende deinen Geist den Mitarbeiterinnen und Mitarbeitern unserer Pfarrgemeinden, damit alle Menschen Heimat und Geborgenheit bei uns finden.
- Gott, unser Vater, sende deinen Geist den Menschen, die einen schweren Schicksalsschlag zu verkraften haben, damit sie Hoffnung und Zuversicht finden.
- Gott, unser Vater, sende deinen Geist den Kranken und Leidenden, damit sie Heilung und Stärkung erfahren.

Guter Gott, dein Geist begleitet uns auf allen Wegen des Lebens. In diesem Geist dürfen wir nun gemeinsam beten, wie uns Jesus selbst zu beten gelehrt hat:

Vaterunser

Gebet Guter Gott, deine Vorsehung waltet über unserer Welt und unserer Zeit. Durch deinen Heiligen Geist lenkst und führst du die Herzen der Menschen. Lass uns die Hilfe deines Heiligen Geistes in unserer Kirche und in unserer Welt erfahren, damit wir denken, reden und handeln, wie es deinem Willen entspricht. Darum bitten wir durch Christus, unseren Herrn.

Segen Der gütige Gott hat die Jünger durch die Eingießung des Heiligen Geistes erleuchtet; er segne euch und schenke euch den Reichtum seiner Gaben.
Jenes Feuer, das in vielen Zungen auf die Jünger herabkam, reinige eure Herzen und entzünde in euch die göttliche Liebe.
Der Heilige Geist, der die vielen Sprachen im Bekenntnis des Glaubens geeint hat, festige euch in der Wahrheit und führe euch vom Glauben zum Schauen.
Das gewähre euch der dreieinige Gott: der Vater und der Sohn und der Heilige Geist. (MB 547)

Lied GL 524 (Meerstern, ich dich grüße)

7
GEH MIT UNS AUF DEM WEG

BEGLEITUNG

1. Jesus, der mit uns auf dem Weg ist
2. Jesus, der uns sein Wort schenkt
3. Jesus, der uns das Brot bricht
4. Jesus, der unser Herz brennen lässt
5. Jesus, der unser Licht am Abend ist

Vorbemerkung
Dieser Rosenkranzandacht liegt der Bericht der Emmausjünger zugrunde. Da dies eine Weggeschichte ist, kann man diese Andacht auch als einen Gebetsweg mit Stationen gestalten. Wir sind betend unterwegs auf den Stationen des Lebens. Das Wort auf dem Weg und der Impuls werden an der jeweiligen Station gelesen, der Rosenkranz auf dem Weg zur nächsten Station gebetet. Jedoch lässt sich diese Andacht auch in einem Raum oder in der Kirche als Andacht beten.

Beispiele:
- Jesus, der mit uns auf dem Weg ist: Wegkreuz, Bildstock, Park
- Jesus, der uns sein Wort schenkt: Bibliothek, Buchhandlung, Kiosk
- Jesus, der uns das Brot bricht: Bäckerei, Bistro
- Jesus, der unser Herz brennen lässt: Jugendtreff, Kita, Schule
- Jesus, der unser Licht am Abend ist: Senioreneinrichtung, Krankenhaus

Die Eröffnung sollte an einem Versammlungsort oder in einer Kirche/Kapelle sein.

ERÖFFNUNG

Lied GL 325 (Bleibe bei uns)

Einführung Jesus ist mit uns auf dem Weg. Er begleitet unsere Lebenswege und führt uns tiefer in den Glauben ein. Maria ist uns ein Beispiel für einen Menschen, der seinen Lebens- und Glaubensweg ganz unter das Vorzeichen Gottes stellt. Exemplarisch wollen wir Stationen abgehen, die mit dem Leben der Menschen zu tun haben. Mit den Stationen nehmen wir diese Menschen und uns selbst ins Gebet.
Wir haben die Bitte der beiden Wanderer nach Emmaus gesungen; wir wollen nun den ganzen Text dieser Erzählung einmal hören.

Wenn die Andacht als Weggottesdienst gestaltet wird, wäre es gut, den gesamten Text am Anfang vorzulesen. Alle mögen sich setzen.

Schrifttext Lk 24,13–35

Weglitanei *Auf dem Weg zur ersten Station:*
V   Mit einer Verheißung
A   sind wir unterwegs zu dir.
V   Mit einer tiefen Sehnsucht
    Mit unseren Fragen und Erwartungen
    Mit unseren Hoffnungen und Freuden
    Mit unserer Not und unseren Sorgen
    Mit unserer Kraftlosigkeit und Verlorenheit
    Mit unserem Vertrauen und unserer Treue
    Mit unseren Schwächen und Fehlern
    Mit unseren Stärken und Begabungen
    Mit unserem Gelingen und Scheitern
    Mit unseren Schwestern und Brüdern
    Mit unserer Welt.

V   Als Brot des Lebens:
A   Stärkst du uns.
V   Als Wein der Freude

　　　　　Als Wort des Trostes
　　　　　Als Heiland der Kranken
　　　　　Als Verkünder des Reiches Gottes
　　　　　Als Helfer in der Not
　　　　　Als Zeuge der Frohen Botschaft

V　　　　Du kennst und heilst uns.
A　　　　Wir danken dir.
V　　　　Du hilfst und befreist uns.
　　　　　Du rufst und sendest uns.
　　　　　Du lebst und leidest mit uns.
　　　　　Du gehst und wagst mit uns.
　　　　　Du liebst und teilst mit uns.
　　　　　Du ermutigst uns und bleibst bei uns.

ROSENKRANZGEBET

1. Jesus, der mit uns auf dem Weg ist

Station　　Wegkreuz, Bildstock, Park

Wort auf dem Weg

　　　　　Während sie redeten und ihre Gedanken austauschten, kam Jesus hinzu und ging mit ihnen.

Impuls　Täglich begegnen wir vielen Menschen. Andere kreuzen unsere Wege, ohne dass wir sie wahrnehmen. Hinter jedem Menschen verbirgt sich ein einmaliger Lebensweg. Diese Einmaligkeit wird uns im Leben Mariens bewusst. Sie hat sich ganz der Lebensführung Gottes anvertraut. Jesus geht unsere Lebenswege mit. Wie den Emmausjüngern möchte er uns ein Wegweiser sein, damit unsere Wege nicht zu Irrwegen oder Umwegen des Lebens werden. Nehmen wir auf unseren Weg alle Menschen mit, die hier leben oder uns am Herzen liegen.

Gesätz

Liedruf　Geh mit uns auf unserm Weg (Ludger Edelkötter)

2. Jesus, der uns sein Wort schenkt

Station Bibliothek, Buchhandlung, Kiosk

Wort auf dem Weg

Und er legte ihnen dar, ausgehend von Mose und allen Propheten, was in der gesamten Schrift über ihn geschrieben steht.

Impuls Eine Flut von Worten umgibt uns. Bücher, Zeitschriften, Mitteilungen über digitale Medien. Mehr denn je müssen wir aussortieren, was bleibenden Wert hat und was nach dem Lesen schon wieder überholt ist. Maria hat auf das Wort des Engels vertraut. Sie ist Trägerin des Wortes geworden und hat somit dem Wort Gottes Gestalt geschenkt. Jesus führt seine Jünger in das Wort Gottes ein und macht ihnen begreiflich, dass es eine endgültige Wahrheit beinhaltet, die unser Leben verändern kann. Maria hat die Worte und Taten Jesu in ihrem Herzen bewahrt. Nehmen wir die Menschen mit in unser Gebet, die versuchen, nach dem Wort Gottes zu leben, und diejenigen, die das Wort Gottes in ihrem Leben ausgeschlossen haben.

Gesätz

Liedruf Geh mit uns auf unserm Weg

3. Jesus, der uns das Brot bricht

Station Bäckerei, Bistro

Wort auf dem Weg

Und als er mit ihnen bei Tisch war, nahm er das Brot, sprach den Lobpreis, brach das Brot und gab es ihnen.

Impuls Essen ist mehr als nur Nahrungsaufnahme. Essen ist Gemeinschaft. Essen ist Versöhnung. Essen ist eine religiöse Handlung. Jesus nimmt seine Jünger mit hinein in seine tiefere Gemeinschaft. Er isst nicht nur einfach mit ihnen, sondern macht das Mahl zu einem Zeichen seiner Gegenwart. Denken wir in unserem Gebet an Menschen, die weder eine menschliche noch eine religiöse Tischgemeinschaft finden, in der sie sich wohl und angenommen fühlen. Beten wir für alle Menschen, mit denen wir Tischgemeinschaft pflegen.

Gesätz

Liedruf Geh mit uns auf unserm Weg

4. Jesus, der unser Herz brennen lässt

Station Jugendtreff, Kita, Schule

Wort auf dem Weg
Und sie sagten zueinander: Brannte uns nicht das Herz in der Brust, als er unterwegs mit uns redete und uns den Sinn der Schrift erschloss?

Impuls Wofür brenne ich? Jugendliche und Kinder lassen sich oft noch begeistern. Nur Menschen, die innerlich brennen, können die Seelen anderer Menschen in Brand setzen. In der Begegnung von Maria und Elisabet wird deutlich, dass das Herz Mariens für Gottes Wirken brennt. Sie ist angesteckt von der Liebe Gottes, die sich tief in ihre Seele eingebrannt hat. Jesus hat die Herzen der Jünger in Brand gesetzt, und dieses Feuer hat sie angetrieben, lässt sie nicht mehr zur Ruhe kommen. Die Liebe Gottes hat auch Marias Herz mit Freude und dem Feuer des Heiligen Geistes erfüllt. Sie konnte mit den Jüngern von diesem Feuer weitergeben. Nehmen wir die Kinder und Jugendlichen mit in unser Gebet, dass sie nicht ohne das Feuer des Glaubens aufwachsen müssen.

Gesätz

Liedruf Geh mit uns auf unserm Weg

5. Jesus, der unser Licht am Abend ist

Station Senioreneinrichtung, Krankenhaus

Wort auf dem Weg

Noch in derselben Stunde brachen sie auf und kehrten nach Jerusalem zurück.

Impuls

Die Begegnung mit Jesus gibt den beiden Emmausjüngern neue Kraft. Noch am Abend kehren sie nach Jerusalem zurück, sie gehen durch die Nacht und brauchen kein Licht, weil sie selbst zu einer Leuchte des Glaubens geworden sind. Aus der Begegnung mit Jesus können wir zu Christusträgerinnen und Christusträgern werden, die zu einem Licht in der Dunkelheit des Lebens für andere Menschen werden.
Maria ist für viele Menschen zu einem Vorbild als Christusträgerin geworden. Nicht nur, weil sie Jesus unter ihrem Herzen getragen hat, sondern weil ihr ganzes Leben ein Hinweis auf ihren Sohn ist. Er ist nicht nur ihr Sohn, sondern er ist der Bruder aller Menschen geworden. Er gehört nicht ihr allein, sondern der ganzen Welt.
Nehmen wir alle Menschen mit in unser Gebet hinein, die eine dunkle Zeit ihres Lebens durchstehen müssen.

Gesätz

Liedruf Geh mit uns auf unserm Weg

ABSCHLUSS

Der Abschluss des Rosenkranzweges sollte vor einer Marienfigur / einem Marienbild sein.

Gebet Allmächtiger Gott, du hast an Maria und an uns Menschen Großes getan. Du lässt uns, wie Maria, nicht allein auf den Wegen unseres Lebens. In deinem Sohn Jesus Christus erkennen wir deine Liebe und deine

Führung. Schenke allen Menschen, an die wir gedacht und für die wir gebetet haben, deine Nähe und deinen Segen. Darum bitten wir dich durch Christus, unseren Herrn.

Lied GL 535 (Segne du, Maria)

8
„FOLGE MIR NACH"
BERUFUNG

1. Jesus, der uns ruft, ihm zu folgen
2. Jesus, der uns in die Welt schickt
3. Jesus, der auch Sünder beruft
4. Jesus, der uns mit seinem Geist stärkt
5. Jesus, der aus uns spricht und handelt

Vorbemerkung
In dieser Andacht geht es um die verschiedenen Berufungen, die wir in uns tragen: zum Menschsein, Christsein, Priestersein, zum geweihten Leben und zum pastoralen Dienst.

ERÖFFNUNG

Lied   GL 461 (Mir nach, spricht Christus)

Einführung   Christ werde ich nur durch die Taufe. Christ werde ich aber auch in einem Lebens- und Lernprozess. In der Beziehung und der Auseinandersetzung mit Jesus, seinem Leben und seinen Lehren, kann ich meinen persönlichen Weg zum Christsein entdecken und gehen. Es ist immer ein neuer Weg, den so noch niemand anderer gegangen ist. Dies kann spannend, anstrengend und herausfordernd sein. Die Glaubenswege anderer Menschen – wie beispielsweise der Glaubensweg Mariens – können eine Anregung oder eine Ermutigung sein, meinen Weg mit Christus nicht aufzugeben.

ROSENKRANZGEBET

1. Jesus, der uns ruft, ihm zu folgen

Schrifttext Wieder ein anderer Mann sagte zu Jesus: Ich will dir nachfolgen, Herr. Zuvor aber lass mich von meiner Familie Abschied nehmen. Jesus erwiderte ihm: Keiner, der die Hand an den Pflug gelegt hat und nochmals zurückblickt, taugt für das Reich Gottes. (Lk 9,61 f)

Impuls *Berufen zum Menschsein*
Jeder Mensch ist gerufen, Jesus auf dem Weg zum Menschsein zu folgen. Viele christliche Werte und Einstellungen haben sich in das Bewusstsein der Allgemeinheit eingeprägt. Die Hilfe für Notleidende, das Streben nach Frieden und die Feindesliebe bilden die Grundlage für unsere Gesellschaft. Jeder Mensch ist dazu berufen, menschlich zu handeln. Wir Christen stehen in besonderer Weise in der Verantwortung, Menschlichkeit in unsere Gesellschaft und in die Welt zu tragen.

Maria hat ihr Menschsein darin zum Ausdruck gebracht, dass sie nicht ihr eigenes Leben in den Mittelpunkt gestellt hat, sondern sich einbinden ließ in den Plan Gottes. Sie hat ihn angenommen und gestaltet, damit andere Menschen den Mut haben, ihr Menschsein zu leben.

Nehmen wir mit ins Gebet, dass menschliches Denken sich in allen Teilen dieser Welt durchsetzt.

Gesätz

Lied GL 457 (Suchen und fragen)

2. Jesus, der uns in die Welt schickt

Schrifttext Danach suchte der Herr zweiundsiebzig andere aus und sandte sie zu zweit voraus in alle Städte und Ortschaften, in die er selbst gehen wollte. Er sagte zu ihnen: Die Ernte ist groß, aber es gibt nur wenig Arbeiter. Bittet also den Herrn der Ernte, Arbeiter für seine Ernte auszusenden. Geht! Ich sende euch wie Schafe mitten unter die Wölfe. (Lk 10,1–3)

Impuls *Berufen zum Christsein*
Jesus traut den Menschen etwas zu. Er schickt sie in die Welt. Er schickt uns heute als Jüngerinnen und Jünger in die Welt. Die Aufgabe eines jeden Christen ist es, über seinen eigenen Glauben zu sprechen. Jesus sendet seine Jünger in Gemeinschaft aus, damit sie voneinander lernen. Die Berufung zum Christsein ist immer ein Ruf in die Gemeinschaft.
Die eigene Aufgabe anzunehmen und umzusetzen hat Maria aufgegriffen. Sie hat ihren Sohn hingewiesen, wo Hilfe nötig oder angebracht ist. Sie hat sich einen wachen Blick für die Ängste und Nöte der Menschen bewahrt.
Die christlichen Gruppen und Gemeinschaften dürfen wir jetzt mit ins Gebet nehmen.

Gesätz

Lied GL 489,1.3 (Lasst uns loben)

3. Jesus, der auch Sünder beruft

Schrifttext Als Jesus seine Rede beendet hatte, sagte er zu Simon: Fahr hinaus auf den See! Dort werft eure Netze zum Fang aus! Simon antwortete ihm: Meister, wir haben die ganze Nacht gearbeitet und nichts gefangen. Doch wenn du es sagst, werde ich die Netze auswerfen. Das taten sie, und sie fingen eine so große Menge Fische, dass ihre Netze zu reißen drohten. Als Simon Petrus das sah, fiel er Jesus zu Füßen und sagte: Herr, geh weg von mir; ich bin ein Sünder. Da sagte Jesus zu Simon: Fürchte dich nicht! Von jetzt an wirst du Menschen fangen. Und sie zogen die Boote an Land, ließen alles zurück und folgten ihm nach. (Lk 5,4–6.8.10b–11)

Impuls   *Berufen zum Priestersein*
Nicht die Helden beruft Jesus in seinen engeren Kreis. Petrus ist von Anfang an ein Beispiel dafür, dass ihm die Menschen am Herzen liegen, die sich von seiner Botschaft ansprechen und begeistern lassen. Dafür nimmt er auch in Kauf, dass sie über das Ziel hinausschießen oder über die eigenen Fehler stolpern. Heute ruft Jesus immer noch Menschen mit Fehlern in seine Nachfolge, Gott und den Menschen zu dienen. Beten wir darum, dass viele Menschen sich von seiner Botschaft anstecken lassen und froh ihre Berufung leben.

Gesätz

Lied   GL 275,1–2 (Selig, wem Christus)

4. Jesus, der uns mit seinem Geist stärkt

Schrifttext   Wenn aber der Beistand kommt, den ich euch vom Vater aus senden werde, der Geist der Wahrheit, der vom Vater ausgeht, dann wird er Zeugnis für mich ablegen. Und auch ihr sollt Zeugnis ablegen, weil ihr von Anfang an bei mir seid. (Joh 15,26 f)

Impuls   *Berufen zum geweihten Leben*
Der Heilige Geist Gottes wirkt unter anderem in Menschen, die für sich und ihr Leben eine besondere Herausforderung suchen. Die Abenteurer Gottes sind Menschen, die in der Gemeinschaft mit Gleichgesinnten ihren Glauben in die Tat umsetzen wollen und in den vielfältigen Aufgaben der Kirche ihre Berufung sehen.
Die Abenteurerin Gottes ist in besonderer Weise Maria geworden. Ihr ganzes Leben trägt das Vorzeichen einer Zusage. Gott sagt ihr zu, dass er in sie Vertrauen hat. Maria sagt Gott zu, dass sie bereit ist, dieses Vertrauen zu erwidern.
An vielen Stellen und auf vielfältige Weise kann Gottes Geist im alltäglichen Leben wirken und die Menschen etwas von Gottes Kraft spüren lassen. Diese

Gemeinschaften sind durch ihr Gebet die Seele der Kirche. Stimmen wir in ihr Gebet ein und begleiten wir sie mit unserem Gebet.

Gesätz

Lied GL 346 (Atme in uns, Heiliger Geist)

5. Jesus, der aus uns spricht und handelt

Schrifttext Glaubt mir doch, dass ich im Vater bin und dass der Vater in mir ist; wenn nicht, glaubt wenigstens aufgrund der Werke! Amen, amen, ich sage euch: Wer an mich glaubt, wird die Werke, die ich vollbringe, auch vollbringen und er wird noch größere vollbringen, denn ich gehe zum Vater. (Joh 14,11 f)

Impuls *Berufen zum pastoralen Dienst*
Die Gaben des Heiligen Geistes sind in unserer Kirche vielfältig. Er stößt Menschen an, sich für die Ausbreitung des Reiches Gottes in unserer Zeit einzusetzen. Viele Aufgaben und Dienste der Kirche werden getragen und gestaltet von Männern und Frauen, die ihren Glauben in die Tat umsetzen.
Glaube und Tat sind die beiden Kennzeichen des Lebens Mariens. Sie setzt ihren Glauben in die Tat um und ihre Taten sind gespeist aus einem Glauben an Gott, der ihr nahe ist. Sie nimmt ihr Leben in die Hand, weil sie sich getragen weiß von einem Gott, der es bei allen Schwierigkeiten, die sie erlebt, gut mit ihr meint.
Alle Menschen, die heute ihren Glauben in die Tat umsetzen, sind wichtige Glieder der Kirche und benötigen unsere Unterstützung durch unsere Hilfe und unser Gebet.

Gesätz

Lied GL 457 (Suchen und fragen)

ABSCHLUSS

Meditation *Wagnis*
Hier bin ich, sende mich.
So antwortet Jesaja auf die Stimme des Herrn.
Hier bin ich, sende mich.
So möchte auch ich rufen.
Hier bin ich, sende mich.
Doch ich bin schwach.
Hier bin ich, sende mich.
Doch ich habe Angst.
Hier bin ich, sende mich.
Doch so vieles ist mir wichtiger.
Hier bin ich, sende mich.
Meinst du, ich bin der Richtige?
Hier bin ich, sende mich.
Mit deiner Hilfe will ich es wagen.

Gebet Gott. Du hast uns verschiedene Gaben und Aufgaben geschenkt. Keinem gabst du alles und keinem nichts, damit alles gut in Einheit zusammenwirkt. Jedem von uns gibst du einen Teil. Hilf uns, dass wir uns gegenseitig mit deinen Gaben aufbauen und einander nutzen mit dem, was wir haben. Lass dein Reich in unserer Mitte immer lebendiger werden. Darum bitten wir durch Christus, unseren Herrn.

Lied GL 534 (Maria, breit den Mantel aus)

9 „BLEIBT IN MIR"

BEZIEHUNG

1. Jesus, in dem wir verwurzelt sind
2. Jesus, der unser Weinstock ist
3. Jesus, in dem wir bleiben sollen
4. Jesus, der in uns bleibt
5. Jesus, in dem wir Frucht bringen

Vorbemerkung
Gestaltungsmöglichkeit: Vor dem Altar (oder an zentraler Stelle) steht ein Weinstock (Bild eines Weinstocks) und es liegen Zettel aus, auf denen ein Stamm, eine Wurzel, eine Rebe, ein Blatt oder eine Weintraube abgebildet sind. Alle Anwesenden werden eingeladen, auf den Zetteln Gebetsanliegen, Wünsche, Danksätze oder Namen zu schreiben und sie vor dem Gebet des Vaterunser zum Weinstock (Bild) zu legen.

ERÖFFNUNG

Lied GL 357,1.3 (Wie schön leuchtet der Morgenstern)

Einführung Der Weinstock ist schon im Alten Testament ein Bild für das Volk Gottes, um das sich Gott kümmert. Damit verknüpft ist die Erwartung, dass der Weinstock gute Früchte bringt. Jesus selbst hat dieses Bild aufgegriffen und uns gezeigt, dass wir Christen nur dann fruchtbar sein können, wenn wir mit ihm verbunden bleiben.
Zeichen dieser Verbundenheit ist Maria, die in der Verbindung mit Gottes Wort uns als Frucht ihren Sohn geschenkt hat. Um diese Verbindung, wie sie auch Maria gelebt hat, wollen wir beten, für uns und für Menschen, denen diese Verbindung fehlt.

Gebet Jesus, du bist die lebendige Beziehung zwischen Gott und den Menschen. Du lädst uns ein, dass wir uns in der Verbindung mit dir auf Gott, deinen Vater, einlassen dürfen. Jesus, deine Nähe schafft Vertrautheit und Geborgenheit. Schenke uns und allen, für die wir beten, die Erfahrung einer tiefen Nähe zu dir. Lass uns Kraft und Zuversicht schöpfen aus der Gewissheit, dass du uns nicht fallen lässt. Darum bitten wir dich, unseren Bruder und Herrn.

Schrifttext Ich bin der wahre Weinstock und mein Vater ist der Winzer. Jede Rebe an mir, die keine Frucht bringt, schneidet er ab und jede Rebe, die Frucht bringt, reinigt er, damit sie mehr Frucht bringt. Ihr seid schon rein durch das Wort, das ich zu euch gesagt habe. Bleibt in mir, dann bleibe ich in euch. Wie die Rebe aus sich keine Frucht bringen kann, sondern nur, wenn sie am Weinstock bleibt, so könnt auch ihr keine Frucht bringen, wenn ihr nicht in mir bleibt. Ich bin der Weinstock, ihr seid die Reben. Wer in mir bleibt und in wem ich bleibe, der bringt reiche Frucht; denn getrennt von mir könnt ihr nichts vollbringen. Wer nicht in mir bleibt, wird wie die Rebe weggeworfen und er verdorrt. Man sammelt die Reben, wirft sie ins Feuer und sie verbrennen. Wenn ihr in mir bleibt und wenn meine Worte in euch bleiben, dann bittet um alles, was ihr wollt: Ihr werdet es erhalten. Mein Vater wird dadurch verherrlicht, dass ihr reiche Frucht bringt und meine Jünger werdet. (Joh 15,1–8)

ROSENKRANZGEBET
1. Jesus, in dem wir verwurzelt sind

Wurzel Die Wurzel ist die Verbindung in die Erde, die Lebensader, ohne die alles abstirbt. Die Wurzel krallt sich ins Erdreich und holt Wasser und Nahrung heraus.
Was ist die Nahrung für meine Seele?

Was ist mein Lebenselixier, auf das ich nicht verzichten möchte?
Was möchte ich mit meiner Kraft am Leben erhalten?

Stille

Beten wir für alle Menschen, denen die Nahrung für den Leib oder die Seele fehlt.
Beten wir für alle Menschen, die Aufgaben für andere Menschen übernommen haben.
Beten wir für alle Menschen, denen die Kraft und der Mut zum Leben fehlen.

Gesätz

Lied GL 367 (Jesus, dir leb ich)

2. Jesus, der unser Weinstock ist

Stamm Der Stamm gibt Halt und Sicherheit. Der Stamm lässt sich nicht verbiegen. Vom Stamm geht alles aus, die Wurzeln, die Äste und Zweige, die Reben. Hier laufen alle Stränge zusammen. Eine tragende Mitte, die um ihre Stellung weiß.
Was verbinde ich mit dem Stamm in meinem Leben?
Von wo geht in meinem Leben alles aus und wo laufen alle Fäden meines Lebens zusammen?
Wer gibt mir und meinem Leben Halt und Struktur?

Stille

Beten wir für alle Menschen, die uns im Leben Halt und Sicherheit geben.
Beten wir für alle Menschen, die ohne Halt sind.
Beten wir für alle Menschen, die meinen, immer alle Fäden in der Hand halten zu müssen.

Gesätz

Lied GL 366 (Jesus Christus, guter Hirte)

3. Jesus, in dem wir bleiben sollen

Rebe Die Rebe trägt die Blätter und die Frucht. Die Rebe muss versorgt und gereinigt werden, denn sie spielt die tragende Rolle im wahrsten Sinn des Wortes. Auch wir tragen Verantwortung, müssen einem Auftrag treu bleiben und gerecht werden.
Was sehe ich als meinen Auftrag an? In meinem Leben oder jetzt konkret?
Wo und für wen übernehme ich Verantwortung?
Was soll in meinem Leben gereinigt werden?

Stille

Wir beten für alle Menschen, die mit schwierigen Situationen zu kämpfen haben.
Wir beten für alle Menschen, die in irgendeiner Weise Verantwortung für andere übernommen haben und schwer daran tragen.
Wir beten für alle Menschen, die vor einer Neuausrichtung ihres Lebens stehen.

Gesätz

Lied GL 387,5 (Gott ist gegenwärtig)

4. Jesus, der in uns bleibt

Blatt Die Blätter nehmen die Sonnenstrahlen auf. Sie speichern die Energie. In den Blättern nimmt der Weinstock den Kontakt nach außen auf. Die Wirkung nach außen und die Aufnahme der Luft und der Sonne nach innen. Die Blätter sind so etwas wie die Kontaktstelle zwischen Außen- und Innenwelt des Weinstocks.
Woher nehme ich meine Energie?
Wo sind meine Kontaktstellen zu Menschen und zu Gott?
Wie filtere ich das, was aus meinem Innern nach draußen geht und was von außen in mich hineindringt?

Stille

Wir beten für alle Menschen, die in sich verschlossen sind und alle Kontakte abgebrochen haben.
Wir beten für alle Menschen, die ihre Lebensenergie für soziale Projekte einsetzen.
Wir beten für alle Menschen, die in einer Beziehung leben, und für alle, die momentan darin eine Krise durchleben.

Gesätz

Lied GL 387,8 (Gott ist gegenwärtig)

5. Jesus, in dem wir Frucht bringen

Frucht Die Frucht ist ein Sinnbild für das Leben. Leben, das sich verschenkt. Die Frucht steht für die Lebensmöglichkeiten, die sich bieten. Der Sinn des Weinstocks besteht darin, Früchte zu bringen. Der Sinn der Früchte besteht darin, neues Leben zu ermöglichen. Sie können aber auch gewandelt werden und so zur Nahrung für andere dienen.
Worin sehe ich den Sinn meines Lebens?
Welche Früchte trägt mein Leben?
Was lässt sich in meinem Leben wandeln – und was müsste sich in meinem Leben wandeln?

Stille

Wir beten für Menschen, die den Sinn ihres Lebens verloren haben.
Wir beten für Menschen, die Früchte des Glaubens in ihren Alltag tragen.
Wir beten für Menschen, die sich dafür einsetzen, dass alle Menschen einen gerechten Lohn bekommen.

Gesätz

Lied GL 440 (Hilf, Herr meines Lebens)

ABSCHLUSS

Vaterunser

Segen

Lied GL 531 (Sagt an, wer ist doch diese)

10
„ICH HABE EUCH ERWÄHLT"

ERWÄHLUNG

1. Jesus, der sich uns zuwendet
2. Jesus, der uns zu sich einlädt
3. Jesus, der mit uns spricht und auf uns hört
4. Jesus, der uns anblickt und beim Namen nennt
5. Jesus, der uns in seine Nachfolge ruft

Das Rosenkranzgebet kann mit besonderen Intentionen verbunden werden:

1. Für die Ausbreitung des Evangeliums in aller Welt
2. Für alle psychisch Kranken und ihre Angehörigen
3. Für alle, die das Wort Gottes leben und verkünden
4. Für alle, die sich für den Glauben engagieren
5. Für alle Christen, die bewusst ihr Christsein leben

ERÖFFNUNG

Lied GL 521 (Maria, dich lieben)

Einführung In Jesus Christus hat Gott sich den Menschen zugewandt. Näher kann ein Gott uns Menschen nicht kommen, als wenn er selbst Mensch wird. Diese Zuwendung Gottes zu den Menschen in Jesus tut uns gut.
Kaum jemand war Jesus näher als Maria. Sie hat Nähe und Distanz Jesu erlebt und durchlitten. Maria hat sich auf den Spagat eingelassen, dass sie Gottes Nähe hautnah spürte und auch die Gottesferne erleben musste. Sie hat die Gottesferne ausgehalten, weil ihr die Erfahrung der Nähe Kraft und Mut geschenkt hat. Jesus, ihr Sohn, kann auf Menschen zugehen und sich voll und ganz auf sie einlassen. Das dürfen wir

bis heute spüren. Lassen wir es jetzt zu, dass Jesus sich uns zuwendet und unser Herz anrührt.

ROSENKRANZGEBET

1. Jesus, der sich uns zuwendet

Schrifttext Als er ein andermal in eine Synagoge ging, saß dort ein Mann, dessen Hand verdorrt war. Und sie gaben acht, ob Jesus ihn am Sabbat heilen werde; sie suchten nämlich einen Grund zur Anklage gegen ihn. Da sagte er zu dem Mann mit der verdorrten Hand: Steh auf und stell dich in die Mitte! Und zu den anderen sagte er: Was ist am Sabbat erlaubt: Gutes zu tun oder Böses, ein Leben zu retten oder es zu vernichten? Sie aber schwiegen. Und er sah sie der Reihe nach an, voll Zorn und Trauer über ihr verstocktes Herz, und sagte zu dem Mann: Streck deine Hand aus! Er streckte sie aus und seine Hand war wieder gesund. (Mk 3,1–5)

Impuls In den Blickpunkt gerückt. Jesus holt Menschen von den Rändern der Gesellschaft in die Mitte, in den Blickpunkt der Gemeinschaft. Er wendet sich dem Menschen zu. Der Mensch mit seinen Lebensbrüchen und mit seinem Versagen, mit seinen Hoffnungen und seinen Zweifeln steht bei Jesus in der Mitte. Dies erfahren Menschen bis heute, Jesus grenzt nicht aus, sondern möchte zusammenführen, was scheinbar nicht zusammenpasst. Aufgabe der Christen ist es bis heute, Menschen in eine Gemeinschaft zu führen, in der jeder sich angenommen fühlen darf.

Gesätz

Lied GL 423,1–2 (Wer unterm Schutz des Höchsten steht)

2. Jesus, der uns zu sich einlädt

Schrifttext Am Tag darauf stand Johannes wieder am Jordan und zwei seiner Jünger standen bei ihm. Als Jesus vorüberging, richtete Johannes seinen Blick auf ihn und sagte: Seht, das Lamm Gottes! Die beiden Jünger hörten, was er sagte, und folgten Jesus. Jesus aber wandte sich um, und als er sah, dass sie ihm folgten, fragte er sie: Was wollt ihr? Sie sagten zu ihm: Rabbi – das heißt übersetzt: Meister –, wo wohnst du? Er antwortete: Kommt und seht! Da gingen sie mit und sahen, wo er wohnte, und blieben jenen Tag bei ihm; es war um die zehnte Stunde. (Joh 1,35–39)

Impuls „Du bist eingeladen!" In diesem Satz schwingt Wertschätzung, Gemeinschaft, Freude und Angenommensein mit. Viele Menschen sehnen sich nach dieser Zuwendung. Der Abschnitt aus dem Johannesevangelium zeichnet Jesus als einen Menschen, der anderen diese Wertschätzung entgegenbringt. Die beiden Menschen, die auf der Suche sind, fühlen sich von ihm wertgeschätzt und geachtet. Sie nehmen die Einladung an und verbringen des Rest des Tages mit Jesus. Jetzt bringt Jesus *mir* diese Wertschätzung entgegen. Ich bin bei ihm eingeladen und ich verbringe meine Zeit mit ihm.

Gesätz

Lied GL 357,4 (Wie schön leuchtet der Morgenstern)

3. Jesus, der mit uns spricht und auf uns hört

Schrifttext Jesus antwortete ihnen: Meine Lehre stammt nicht von mir, sondern von dem, der mich gesandt hat. Wer bereit ist, den Willen Gottes zu tun, wird erkennen, ob diese Lehre von Gott stammt oder ob ich in meinem eigenen Namen spreche. Wer im eigenen Namen spricht, sucht seine eigene Ehre; wer aber die Ehre dessen sucht, der ihn gesandt hat, der ist glaubwürdig und in ihm ist keine Falschheit. (Joh 7,16–18)

Impuls Nehmen – weitergeben. Hören – weitersagen. Besser könnte man das Leben Mariens nicht umschreiben. Sie hat empfangen, nicht für sich selbst, sondern um der Menschen willen. Sie hat auf die Anfrage Gottes gehört, um sich auszutauschen, erst mit Elisabet, dann mit allen, die auf die Erlösung Israels und der Menschen gewartet haben. Der Glaube entspringt nicht in uns selbst. Er wird gebildet, indem wir die Worte Jesu in uns aufnehmen und an andere weiterschenken. Glaube ist keine Einbahnstraße, weder zwischen Jesus und mir noch zwischen mir und anderen Menschen. Erst im Austausch meiner Erfahrungen wird mein Glaube lebendig. Jesus hat die Menschen mit seinen Worten, mit seinem Glauben konfrontiert. Sie haben darauf reagiert. Wenn ich mich jetzt seinem Wort stelle, dann fordert Jesus mich zu einer Reaktion auf. Was spricht mich in seinen Worten an und wo fordert er mich heraus?

Gesätz

Lied GL 449 (Herr, wir hören auf dein Wort)

4. Jesus, der uns anblickt und beim Namen nennt

Schrifttext Andreas, der Bruder des Simon Petrus, war einer der beiden, die das Wort des Johannes gehört hatten und Jesus gefolgt waren. Dieser traf zuerst seinen Bruder Simon und sagte zu ihm: Wir haben den Messias gefunden. Messias heißt übersetzt: der Gesalbte (Christus). Er führte ihn zu Jesus. Jesus blickte ihn an und sagte: Du bist Simon, der Sohn des Johannes, du sollst Kephas heißen. Kephas bedeutet: Fels (Petrus). Am Tag darauf wollte Jesus nach Galiläa aufbrechen; da traf er Philippus. Und Jesus sagte zu ihm: Folge mir nach! Philippus war aus Betsaida, dem Heimatort des Andreas und Petrus. Philippus traf Natanaël und sagte zu ihm: Wir haben den gefunden, über den Mose im Gesetz und auch die Propheten geschrieben haben: Jesus aus Nazaret, den Sohn Josefs. Da sagte Natanaël zu ihm: Aus Nazaret? Kann von dort etwas Gutes kommen? Philippus antwortete: Komm und sieh! Jesus sah Natanaël auf sich zukommen und sagte über ihn: Da kommt ein echter Israelit, ein Mann ohne Falschheit. Natanaël fragte ihn: Woher kennst du mich? Jesus antwortete ihm: Schon bevor dich Philippus rief, habe ich dich unter dem Feigenbaum gesehen. (Joh 1,40–48)

Impuls Heute sind wir schon an vielen Menschen vorbeigelaufen. Zur Begegnung mit einem Menschen kommt es nur dann, wenn ich ihn anspreche, womöglich beim Namen nenne. Simon bekommt von Jesus einen neuen Namen, Philippus und Natanaël werden von ihm angesprochen. Jesus schaut in ihr Leben und in ihr Herz und sie fühlen sich von ihm gerufen. So entsteht eine Bindung, die über den Tod hinaus hält. Maria hat sich durch den Engel von Gott angesprochen gefühlt. Sie war gemeint, nicht irgendjemand. Maria hat erfahren, dass Gott die Menschen persönlich meint, sich nicht abwendet, sondern sie in seinen Blick nimmt. Ich bin gemeint, sonst niemand.
Bis heute schaut Jesus auf uns Menschen und nennt uns beim Namen. Eine Verbindung, die über den Tod hinaus hält.

Gesätz

Lied GL 457 (Suchen und fragen)

5. Jesus, der uns in seine Nachfolge ruft

Schrifttext Als Jesus weiterging, sah er einen Mann namens Matthäus am Zoll sitzen und sagte zu ihm: Folge mir nach! Da stand Matthäus auf und folgte ihm. Und als Jesus in seinem Haus beim Essen war, kamen viele Zöllner und Sünder und aßen zusammen mit ihm und seinen Jüngern. Als die Pharisäer das sahen, sagten sie zu seinen Jüngern: Wie kann euer Meister zusammen mit Zöllnern und Sündern essen?

Er hörte es und sagte: Nicht die Gesunden brauchen den Arzt, sondern die Kranken. Darum lernt, was es heißt: Barmherzigkeit will ich, nicht Opfer. Denn ich bin gekommen, um die Sünder zu rufen, nicht die Gerechten. (Mt 9,9–13)

Impuls Was ist mir in meinem Leben wichtig? Diese Frage stellt sich für Matthäus bei der Aufforderung Jesu, ihm nachzufolgen. Offensichtlich ist ihm die Gemeinschaft mit Jesus wichtiger als seine Arbeitsstelle, die er verlässt. Die Frage gilt aber jedem Christen heute: An welcher Stelle steht in meiner Werteskala mein Glaube? Der Ruf Jesu in ein christliches Leben ist immer der Ruf zu einer Entscheidung.
Maria hat ihre Entscheidung getroffen. Diese Entscheidung gab ihrem Leben eine Wende, die nicht abzusehen war. Dennoch hat sie ihre Entscheidung nicht bereut, sondern bis zu ihrem Lebensende durchgetragen.
Wenn ich mich bewusst für Jesus entscheide, schließe ich immer automatisch andere Möglichkeiten aus. Doch die Entscheidung für Jesus bietet wieder viele Möglichkeiten und Impulse für das eigene Leben.

Gesätz

Lied GL 440 (Hilf, Herr meines Lebens)

ABSCHLUSS

Gebet Heiliger Gott. Du bist unsagbar größer, als wir begreifen können. Du wohnst im unzugänglichen Licht und bist uns doch in Jesus Christus nahegekommen. Gib, dass wir uns von deiner Nähe nicht abwenden, sondern deine Zuwendung annehmen und weiterschenken. Darum bitten wir dich durch Jesus Christus, unseren Herrn.

Lied GL 528 (Ein Bote kommt, der Heil verheißt)

„JESUS CHRISTUS IST DER HERR"

ROSENKRANZANDACHTEN
ZU GESÄNGEN DES NEUEN
TESTAMENTS

11
IN CHRISTI SPUREN

1 PETR 2,21–24

1. Jesus, der uns ein Beispiel gegeben hat
2. Jesus, der für uns gelitten hat
3. Jesus, der sich dem Richter überließ
4. Jesus, der unsere Sünden auf das Kreuz getragen hat
5. Jesus, durch dessen Wunden wir geheilt sind

ERÖFFNUNG

Gesang GL 639,7.8 (Durch Christi Wunden sind wir geheilt)

Einführung Es waren Sklaven, denen der Apostel Petrus die Worte widmete, die wir eben gesungen (gebetet) haben. Sie standen im Dienst verschiedener Herren: nicht nur solcher, die sie gut behandelten, sondern auch anderer – launenhafter oder unberechenbarer –, die ihnen Leid bereiteten und sie ungerecht behandelten. Petrus sagt ihnen: Gerade in solchen Situationen soll sich euer Glaube bewähren; wenn ihr Unrecht erduldet, obwohl ihr recht handelt, sollt ihr das als Gnade Gottes sehen lernen. Ihr seid in solchen Situationen in der Nachfolge Jesu, dem Unrecht, Verfolgung, ja auch der Tod nicht erspart blieben. Ihm sollt ihr versuchen nachzuleben und an die Stelle hasserfüllter Rache seine Liebe zu setzen.
Auch heute sind Christen bisweilen – leider mit zunehmender Tendenz – Ungerechtigkeit, Hass, Verfolgung, Leid und Tod ausgesetzt. Mit ihnen wollen wir uns nun im Gebet vereinen, wenn wir in den Gesätzen des Rosenkranzes die einzelnen Aussagen des Hymnus aus dem 1. Petrusbrief meditieren.

ROSENKRANZGEBET

1. Jesus, der uns ein Beispiel gegeben hat

Schrifttext Christus hat euch ein Beispiel gegeben, damit ihr seinen Spuren folgt. (nach 1 Petr 2,21)

Impuls Wir alle haben Vorbilder – Menschen, deren Lebens- und Verhaltensweise uns beeindrucken und die Einfluss auf unser Leben haben. Neben manchem Zeitgenossen gehören gewiss die Heiligen dazu, und viele von uns haben auch ihren Lieblingsheiligen. Vor allem aber soll Christus unser Vorbild sein, auf sein Beispiel sollen wir schauen, sagt uns Petrus in seinem ersten Brief.

Beten wir für alle, die auf Christus getauft sind, dass sie auf ihn, unseren Herrn, schauen und hören.

Gesätz

Lied GL 440 (Hilf, Herr meines Lebens)

2. Jesus, der für uns gelitten hat

Schrifttext Christus hat für euch gelitten und euch ein Beispiel gegeben, damit ihr seinen Spuren folgt. (1 Petr 2,21) Denn da er selbst in Versuchung geführt wurde und gelitten hat, kann er denen helfen, die in Versuchung geführt werden. (Hebr 2,18)

Impuls Sklaven im Sinn früherer Zeiten gibt es – zumindest in unseren Ländern – Gott sei Dank nicht mehr. Aber Leiden und Ungerechtigkeiten müssen Christen auch heute erdulden. Und auch an Menschen und Mächten, die uns von neuem versklaven und abhängig machen möchten, fehlt es auch heute nicht. Hier hilft – so sagen uns Petrus und der Verfasser des Hebräerbriefes – der Blick auf Jesus Christus, der das Leiden aus eigenem Erleben kennt und uns durch die Art und Weise, wie er es getragen hat, ein großes Vorbild, aber auch unser zuverlässigster Helfer sein kann.

Beten wir für die Menschen, die wegen ihres Glaubens Leid erdulden müssen: um Treue in ihrem Bekenntnis.

Gesätz

Lied GL 289,6 (O Haupt voll Blut und Wunden)
oder Wir rühmen dich, Christus, Schmerzensmann,
schau gnädig nun die Deinen an!
Du warst überliefert dem bitteren Tod,
vergiss nicht die Deinen in ihrer Not!
(nach GL 211)

3. Jesus, der sich dem Richter überließ

Schrifttext Als Jesus vor dem Statthalter stand, fragte ihn dieser: Bist du der König der Juden? Jesus antwortete: Du sagst es. Als aber die Hohenpriester und die Ältesten ihn anklagten, gab er keine Antwort. Da sagte Pilatus zu ihm: Hörst du nicht, was sie dir alles vorwerfen? Er aber antwortete ihm auf keine einzige Frage, so dass der Statthalter sehr verwundert war. (Mt 27,11–14)

Impuls Stünden wir wegen unseres Glaubens als Angeklagte vor einem Richter, wie würden wir reagieren? Im Evangelium gibt Jesus uns den Rat: „Wenn man euch vor Gericht stellt, macht euch keine Sorgen, wie und was ihr reden sollt; denn es wird euch in jener Stunde eingegeben, was ihr sagen sollt" (Mt 10,19). Er, der sonst nicht um ein starkes Wort verlegen ist, wählt die Strategie des Schweigens. Ist es Resignation? Trotz? Erkennt er, dass jedes Wort vergeblich ist? Dass man das Urteil über ihn längst gefällt hat: „Er ist schuldig und muss sterben" (Mk 14,64)? Jesus selber zeigt uns aber eine andere Sicht: „Wie würde dann aber die Schrift erfüllt, nach der es so geschehen muss?" (Mt 26,54), sagt er zu Petrus, der ihn bei seiner Gefangennahme zu verteidigen sucht, und zu Pilatus sagt er: „Du hättest keine Macht über mich, wenn es dir nicht von oben gegeben wäre" (Joh 19,11). Er weiß sich gesandt, den Willen des

Vaters – unsere Rettung – zu erfüllen. Das lässt ihn ins Gericht gehen: „... die Schuld bezahlt der Herre, der Gerechte, für seine Knechte."
Beten wir in diesem Gesätz für alle, die wegen ihres Glaubens verurteilt werden.

Gesätz

Lied GL 290,1.4 (Herzliebster Jesu)

4. Jesus, der unsere Sünden auf das Kreuz getragen hat

Schrifttext Wir wissen doch: Unser alter Mensch wurde mitgekreuzigt, damit der von der Sünde beherrschte Leib vernichtet werde und wir nicht Sklaven der Sünde bleiben. (Röm 6,6)

Impuls Leiden und Kreuz bekommen einen ganz anderen Sinn, wenn sie nicht einfach nur um des Leidens willen ertragen, sondern bewusst für andere angenommen werden. Jesus hat die Sünden von uns allen ans Kreuz mitgenommen und damit Sünde und Tod überwunden. Er tat es aus freiem Willen, vereint mit dem Willen des Vaters, und er tat es aus Liebe zu uns. Ja, der Apostel Paulus bekennt in seinem Brief an die Römer: „Christus ist schon zu der Zeit, da wir noch schwach und gottlos waren, für uns gestorben. Dabei wird nur schwerlich jemand für einen Gerechten sterben; vielleicht wird er jedoch für einen guten Menschen sein Leben wagen. Gott aber hat seine Liebe zu uns darin erwiesen, dass Christus für uns gestorben ist, als wir noch Sünder waren" (Röm 5,6 ff). Weil Jesus Christus das Kreuz freiwillig auf sich nahm, wurde es für uns zum Zeichen des Heils. Beten wir in diesem Gesätz für alle, denen es schwer fällt, umzukehren und das Geschenk der Erlösung anzunehmen.

Gesätz

Lied GL 366,1 (Jesus Christus, guter Hirte)

5. Jesus, durch dessen Wunden wir geheilt sind

Schrifttext Er hat unsere Krankheit getragen und unsere Schmerzen auf sich geladen. Wir meinten, er sei von Gott geschlagen, von ihm getroffen und gebeugt. Doch er wurde durchbohrt wegen unserer Verbrechen, wegen unserer Sünden zermalmt. Zu unserem Heil lag die Strafe auf ihm, durch seine Wunden sind wir geheilt. (Jes 53,4f)

Impuls Wie sollen uns die Wunden eines anderen heilen? Es ist schon schwirig genug, manche Wunde, die wir selber tragen, heilen zu lassen. Vielleicht hilft uns ein Blick in die Offenbarung des Johannes; dort lesen wir vom Strom, dem Wasser des Lebens, klar wie Kristall, der vom Thron Gottes und des Lammes ausgeht und an dessen Ufern die Bäume des Lebens stehen, die jeden Monat Frucht bringen und deren Blätter als Heilmittel dienen (vgl. Offb 22,1f). Jesus, der Heiland, hat schon in seinem irdischen Leben immer wieder Menschen geheilt, um wie viel mehr jetzt als der Gekreuzigte, Auferstandene und in den Himmel Erhöhte!
Beten wir für alle, denen Wunden geschlagen wurden – vom Leben, von Menschen –, Wunden, die oft nur schwer heilen, dass sie durch die Begegnung mit Jesus Christus Frieden finden.

Gesätz

Lied GL 292,3 (Fürwahr, er trug unsre Krankheit)

ABSCHLUSS

Gebet Herr Jesus Christus, auf vielfache Weise hast du uns ein Beispiel gegeben: durch deine Predigt, aber vor allem durch dein Leben und Sterben. Wir bitten dich: Gib, dass wir uns in den wichtigen Stunden unseres Lebens, ganz besonders in den Stunden des Leides, immer wieder an dein Beispiel erinnern und den Weg der Nachfolge in Treue weitergehen. Der du lebst und herrschest in Ewigkeit.

Lied GL 521,1.4–5 (Maria, dich lieben)

12
SELIG SEID IHR

MT 5,3–12

1. Jesus, der um unseretwillen arm wurde
2. Jesus, der keine Gewalt angewendet hat
3. Jesus, der barmherzig mit uns ist
4. Jesus, der uns Gerechtigkeit schenkt
5. Jesus, der uns seinen Frieden gibt

ERÖFFNUNG

Lied GL 458 (Selig seid ihr)

Einführung Die Seligpreisungen sind ein Herzstück des ganzen Neuen Testaments: die Ouvertüre zur Bergpredigt. Sie sind gewiss schön anzuhören, aber gar nicht so einfach zu leben. Allerdings sind es keine Forderungen, die Christus uns abverlangen würde, ohne sie selber gelebt zu haben. Daher weiß er auch um die Ängste der Menschen in den Situationen des Leidens. So dürfen wir die Seligpreisungen hören im Bewusstsein, dass wir seine Jünger sind, wenn wir seinen Spuren nachgehen. Wenn wir dann auch noch die Parallelstelle im Lukasevangelium lesen, dann dürfen wir wissen: Die Vollendung des Reiches Gottes bringt die Umkehrung. Wer jetzt weint, wird dann lachen, weil er teilhaben wird an der Königsherrschaft Christi.

ROSENKRANZGEBET

1. Jesus, der um unseretwillen arm wurde

Schrifttext Ihr wisst, was Jesus Christus, unser Herr, in seiner Liebe getan hat: Er, der reich war, wurde euretwegen arm, um euch durch seine Armut reich zu machen. (2 Kor 8,9)

Impuls In der Armut des Stalles von Betlehem wurde Jesus Christus geboren. Keinerlei Privileg wollte der Sohn Gottes haben, sondern in allem uns Menschen gleich werden. Aber gerade durch sein Armwerden wollte er uns den Reichtum der Gotteskindschaft erwerben. Nach der Auferstehung Jesu ruft der Apostel Paulus die Christen in Korinth zur tatkräftigen Unterstützung für die Jerusalemer Urgemeinde auf. Sie können und sollen geben, weil sie ein viel kostbareres Gut von Christus empfangen haben: ewigen Reichtum durch die Erlösung, die ihnen in der Taufe bereits geschenkt wurde. Dieses Geschenk gilt es durch das ganze Leben zu bewahren.
Beten wir in diesem Gesätz, dass die Menschen immer wieder erkennen, was ihr Leben wirklich reich macht.

Gesätz

Lied Selig sind, die arm im Geiste, 1. Strophe (s. S. 165)

2. Jesus, der keine Gewalt angewendet hat

Schrifttext Jesus schickte Boten vor sich her. Diese kamen in ein samaritisches Dorf und wollten eine Unterkunft für ihn besorgen. Aber man nahm ihn nicht auf, weil er auf dem Weg nach Jerusalem war. Als die Jünger Jakobus und Johannes das sahen, sagten sie: Herr, sollen wir befehlen, dass Feuer vom Himmel fällt und sie vernichtet? Da wandte er sich um und wies sie zurecht. (Lk 9,52–55)

oder Auf diese Weise sollte sich erfüllen, was durch den Propheten Jesaja gesagt worden ist: Seht, das ist mein Knecht, den ich erwählt habe, mein Geliebter, an dem ich Gefallen gefunden habe. Ich werde meinen Geist auf ihn legen und er wird den Völkern das Recht verkünden. Er wird nicht zanken und nicht schreien und man wird seine Stimme nicht auf den Straßen hören. Das geknickte Rohr wird er nicht zerbrechen und den glimmenden Docht nicht auslöschen, bis er dem Recht zum Sieg verholfen hat. Und auf seinen Namen werden die Völker ihre Hoffnung setzen. (Mt 12,17–21)

Impuls Menschen wenden nicht selten Gewalt an, um ihre Ziele durchzusetzen. Auch die Jünger Jesu sind vor dieser Versuchung nicht gefeit. Jesus selber geht den Weg der Gewaltlosigkeit. Und gerade durch den Verzicht auf den Einsatz von Gewalt bis hin zum Tod am Kreuz überwindet er Gewalt und Bosheit der Menschen und wird zu ihrem Hoffnungsträger.
Beten wir für alle, die meinen, ihre Ziele gewaltsam erreichen zu müssen, und für jene, die unter der Gewalt anderer zu leiden haben.

Gesätz

Lied Selig sind, die arm im Geiste, 3. Strophe

3. Jesus, der barmherzig mit uns ist

Schrifttext Seid gütig zueinander, seid barmherzig, vergebt einander, weil auch Gott euch durch Christus vergeben hat. (Eph 4,32)

oder Richtet nicht, dann werdet auch ihr nicht gerichtet werden. Verurteilt nicht, dann werdet auch ihr nicht verurteilt werden. Erlasst einander die Schuld, dann wird auch euch die Schuld erlassen werden. (Lk 6,37)

oder Lass dich nicht vom Bösen besiegen, sondern besiege das Böse durch das Gute! (Röm 12,21)

Impuls Wir sagen gerne: „Wie du mir, so ich dir!" Unser Sinn ist oft genug auf Revanche gerichtet. Jesus geht und lehrt uns einen anderen Weg: den der Barmherzigkeit. Es ist zugleich der Weg Gottes, von dem die Heilige Schrift des Alten Bundes an vielen Stellen betont, dass Jahwe gnädig und barmherzig ist. Sogar

am Kreuz betet Jesus für jene, die ihn töten, der Vater möge ihnen vergeben, was sie in ihrer Unwissenheit tun (Lk 23,34). Wir dürfen immer wieder Jesu Barmherzigkeit erfahren. Sie soll uns Ansporn sein, uns auch denen gegenüber, die an uns schuldig geworden sind, erbarmungsvoll zu verhalten.
Beten wir für alle unversöhnlichen Menschen.

Gesätz

Lied Selig sind, die arm im Geiste, 5. Strophe

4. Jesus, der uns Gerechtigkeit schenkt

Schrifttext Darum sage ich euch: Wenn eure Gerechtigkeit nicht weit größer ist als die der Schriftgelehrten und der Pharisäer, werdet ihr nicht in das Himmelreich kommen. (Mt 5,20)

oder Denn auch Christus ist der Sünden wegen ein einziges Mal gestorben, er, der Gerechte, für die Ungerechten, um euch zu Gott hinzuführen; dem Fleisch nach wurde er getötet, dem Geist nach lebendig gemacht. (1 Petr 3,18)

Impuls Als Johannes der Täufer sich weigern möchte, Jesus zu taufen, antwortet dieser: „Lass es nur zu! Denn nur so können wir die Gerechtigkeit (die Gott fordert) ganz erfüllen" (Mt 3,15). Jesus ist also gekommen, um der Gerechtigkeit Gottes zum Durchbruch zu verhelfen, alles recht zu machen, so, wie es vor Gott richtig ist. Um uns neu zu schaffen, zu Menschen zu machen, die vor Gott bestehen können – auch durch die rechte Beziehung zueinander –, ist Christus ans Kreuz gegangen. – Bitten wir Christus, dass er uns zur wahren Gerechtigkeit hilft.

Gesätz

Lied Selig sind, die arm im Geiste, 4. Strophe

5. Jesus, der uns seinen Frieden gibt

Schrifttext Jesus sagt: Frieden hinterlasse ich euch, meinen Frieden gebe ich euch; nicht einen Frieden, wie die Welt ihn gibt, gebe ich euch. (Joh 4,27)

oder Wenn du deine Opfergabe zum Altar bringst und dir dabei einfällt, dass dein Bruder etwas gegen dich hat, so lass deine Gabe dort vor dem Altar liegen; geh und versöhne dich zuerst mit deinem Bruder, dann komm und opfere deine Gabe. Schließ ohne Zögern Frieden mit deinem Gegner, solange du mit ihm noch auf dem Weg zum Gericht bist. Sonst wird dich dein Gegner vor den Richter bringen und der Richter wird dich dem Gerichtsdiener übergeben und du wirst ins Gefängnis geworfen. (Mt 5,23 ff)

oder Wenn ihr in ein Haus kommt, dann wünscht ihm Frieden. (Mt 10,19)

Impuls „Geh in Frieden" – so sagt Jesus immer wieder den Menschen, die ihm begegnen, an denen er heilschaffend gewirkt hat. Shalom – ein Hauptwort der Bibel. Gruß beim Betreten eines Hauses, Gruß des Auferstandenen. Shalom – das ist mit Gott, mit sich und mit den Menschen im Reinen sein. Diesen Frieden will uns Jesus schenken.
Beten wir dieses Gesätz für alle Menschen, die in ihrem Herzen keinen Frieden finden, und für jene, die unter den Folgen von Streit und Krieg zu leiden haben.

Gesätz

Lied Selig sind, die arm im Geiste, 7. Strophe

ABSCHLUSS

Andacht GL 675,2 (*ab* „Wort Gottes, Mensch geworden, lehre uns, Mensch zu werden")

Gebet Allmächtiger Gott, dein geliebter Sohn, unser Herr Jesus Christus, hat die Armut des Menschenlebens auf sich genommen, er hat uns den Weg gelehrt und gezeigt, der hinführt zu deiner Herrlichkeit. Auf die Fürsprache seiner heiligen Mutter steh uns bei in allen Nöten unseres Lebens und hilf uns, dass wir sicher das Ziel erreichen, das du in deiner Liebe für uns bereithältst. Darum bitten wir durch Christus, unseren Herrn.

Lied GL 543 (Wohl denen, die da wandeln)
oder GL 459 (Selig seid ihr)

13
DANKT DEM VATER IN FREUDE

KOL 1,12–20

1. Jesus, in dem wir Gott schauen
2. Jesus, in dem alles geschaffen ist
3. Jesus, der Frieden gestiftet hat durch seinen Tod
4. Jesus, in dem alles Versöhnung findet
5. Jesus, dessen Leib die Kirche ist

ERÖFFNUNG

Lied GL 400 (Ich lobe meinen Gott)

Einführung Der Apostel Paulus beginnt seinen Brief an die Kolosser nach Dank und Fürbitte für die Gemeinde mit einem Lobpreis Gottes und auf Christus, sein Ebenbild. Eine Reihe wichtiger Grundwahrheiten unseres Glaubens werden in diesem Hymnus angesprochen: Christus, Gottes Ebenbild, durch den alles – die ganze sichtbare und unsichtbare Welt – geschaffen ist. Christus aber auch als der Erstgeborene der neuen Schöpfung, die Gott durch Leiden und Kreuz seines Sohnes geschaffen hat. Christus, unsere Versöhnung mit Gott. Das wollen wir in dieser Rosenkranzandacht betrachten. Beginnen wir wie Paulus mit einem Lobpreis auf unseren Gott!

Lobpreis V/A Dankt dem Vater mit Freude!
V Der alles in Christus erschaffen hat.
A Dankt dem Vater …
V Der mit seiner ganzen Fülle in Christus wohnt.
Der alles durch Christus versöhnen wollte.
Der Frieden gestiftet hat durch Christi Kreuz.
Der uns der Finsternis entrissen hat.
Der uns durch Christus erlöst und uns die Sünden vergeben hat.

Der Christus zum Haupt seines Leibes, der Kirche, gemacht hat.
Der uns berufen hat zur Heiligkeit.
Der uns Anteil geben will am Los der Heiligen, die im Licht sind.
Der alles in Christus vollenden will.

Lied GL 489,1–2 (Lasst uns loben)

Gebet Allmächtiger Gott, du hast uns durch Christus versöhnt und als deine geliebten Kinder angenommen. Wir loben und preisen dich. Öffne unser Herz, damit wir dein Wort recht hören und unserer Berufung entsprechen, die du uns geschenkt hast durch Jesus Christus, deinen geliebten Sohn, der in der Einheit des Heiligen Geistes mit dir lebt und herrscht in Ewigkeit.

WORTVERKÜNDIGUNG

Schrifttext Aus dem Brief des Apostels Paulus an die Kolosser.
Dankt dem Vater mit Freude!
Er hat euch fähig gemacht, Anteil zu haben am Los der Heiligen, die im Licht sind. Er hat uns der Macht der Finsternis entrissen und aufgenommen in das Reich seines geliebten Sohnes. Durch ihn haben wir die Erlösung, die Vergebung der Sünden. Er ist das Ebenbild des unsichtbaren Gottes, der Erstgeborene der ganzen Schöpfung. Denn in ihm wurde alles erschaffen im Himmel und auf Erden, das Sichtbare und das Unsichtbare, Throne und Herrschaften, Mächte und Gewalten; alles ist durch ihn und auf ihn hin geschaffen. Er ist vor aller Schöpfung, in ihm hat alles Bestand. Er ist das Haupt des Leibes, der Leib aber ist die Kirche. Er ist der Ursprung, der Erstgeborene der Toten; so hat er in allem den Vorrang. Denn Gott wollte mit seiner ganzen Fülle in ihm wohnen, um durch ihn alles zu versöhnen. Alles im Himmel und auf Erden wollte er zu Christus führen, der Frie-

den gestiftet hat am Kreuz durch sein Blut.
Wort des lebendigen Gottes!

Impuls Dankt! Mit Freude! – So ruft Paulus nicht nur den Kolossern, sondern auch uns zu.

Dagegen hat der Philosoph Friedrich Nietzsche über die Christen formuliert: „Bessere Lieder müssten sie mir singen, dass ich an ihren Erlöser glauben lerne: erlöster müssten mir seine Jünger aussehen!" Natürlich soll es keine aufgesetzte Fröhlichkeit sein, sondern unser Gesicht soll das Innerste unserer Seele zum Ausdruck bringen.

Papst Franziskus sagt in seinem Apostolischen Schreiben „Evangelii Gaudium" (übersetzt: „Die Freude des Evangeliums"): „Es gibt Christen, deren Lebensart wie eine Fastenzeit ohne Ostern erscheint. Doch ich gebe zu, dass man die Freude nicht in allen Lebensabschnitten und -umständen, die manchmal sehr hart sind, in gleicher Weise erlebt. Sie passt sich an und verwandelt sich und bleibt immer wenigstens wie ein Lichtstrahl, der aus der persönlichen Gewissheit hervorgeht, jenseits von allem grenzenlos geliebt zu sein. Ich verstehe die Menschen, die wegen der schweren Nöte, unter denen sie zu leiden haben, zur Traurigkeit neigen, doch nach und nach muss man zulassen, dass die Glaubensfreude zu erwachen beginnt, wie eine geheime, aber feste Zuversicht, auch mitten in den schlimmsten Ängsten ..." (Nr. 6)

Ja, nicht Jammer, Trübsal, Klage und finstere Miene sollen uns als Christen kennzeichnen, sondern die Haltung der Freude und Dankbarkeit. Wir dürfen doch Gott auf unserer Seite wissen, uns zugetan. Er hat Großes mit uns vor, hat uns in Christus schon mit sich versöhnt und will uns am Ende auch aufnehmen in die Gemeinschaft der Heiligen. Niemals sollen wir vergessen: Durch Jesus Christus hat er heilschaffend an uns gehandelt. In dieser Haltung der Dankbarkeit und Freude wollen wir in unserem Rosenkranzgebet die folgenden Gesätze betrachten.

ROSENKRANZGEBET

Jesus, in dem wir Gott schauen
Jesus, in dem alles geschaffen ist
Jesus, der Frieden gestiftet hat durch seinen Tod
Jesus, in dem alles Versöhnung findet
Jesus, dessen Leib die Kirche ist

ABSCHLUSS

Fürbitten Zu Gott, unserem Vater, wollen wir in Dankbarkeit und Freude beten:

- Wir beten für alle Menschen, die sich schwer tun, dich als ihren Vater zu erkennen und anzunehmen: dass sie durch die Betrachtung der Geheimnisse Christi den Weg zu dir finden.

Gott, unser Vater:
Wir bitten dich, erhöre uns.

- Wir beten für die Naturwissenschaftler: dass sie durch ihr Forschen dich als den tiefsten Urgrund des Seins entdecken.
- Wir beten für alle Menschen, die in ihrem Herzen fried- und freudlos sind: dass du aus ihrem Innersten die Wurzeln des Unfriedens, des Hasses und der Traurigkeit entfernst.
- Wir beten für alle, die meinen, sie müssten sich selber Erlösung bereiten: dass sie lernen, sich von dir beschenken zu lassen.
- Wir beten für alle Menschen, die mit anderen in Streit liegen: dass sie einander, von dir bewegt, die Hand zur Versöhnung reichen.
- Wir beten für die Kirche und alle ihre Glieder: dass sie die tiefe Verbundenheit mit Christus immer neu spüren, besonders auch in den gottesdienstlichen Feiern.
- Wir beten für unsere Verstorbenen: dass sie mit Christus bei dir in Ewigkeit leben.

Mit den Worten, die Christus, unser Haupt, uns gelehrt hat, wollen wir unsere Fürbitten beschließen:

Vaterunser

Gebet Allmächtiger Gott, durch deinen geliebten Sohn Jesus Christus hast du alles geschaffen im Himmel und auf Erden. Ihn, den Erstgeborenen der ganzen Schöpfung, hast du zum Haupt der neuen Schöpfung gemacht. Er hat den Schuldschein, der gegen uns sprach, ans Kreuz geheftet und uns befreit von Sünde und Schuld. In der Gemeinschaft der Kirche danken wir dir und loben und preisen dich durch Jesus Christus, deinen geliebten Sohn, unser Haupt, der mit dir lebt und herrscht in Ewigkeit.

Segen Es segne euch Gott, der Vater, der euch zur Heiligkeit berufen hat.
A Amen.
Es segne euch Gott, der Sohn, der uns durch sein Leiden und Kreuz erlöst hat.
A Amen.
Es segne euch Gott, der Heilige Geist, der in uns lebt und wirkt.
A Amen.
So segne euch der dreifaltige Gott: der Vater und der Sohn und der Heilige Geist.

Lied GL 380,1.6.11 (Großer Gott)

14
JESUS CHRISTUS, DER HERR
PHIL 2,5–11

1. Jesus, der Gott gleich war
2. Jesus, der ein Mensch wurde wie wir
3. Jesus, der gehorsam war bis zum Tod am Kreuz
4. Jesus, den der Vater über alle erhöht hat
5. Jesus, vor dessen Namen wir unsere Knie beugen

ERÖFFNUNG

Lied GL 359 (O selger Urgrund allen Seins – *auch zu singen nach* GL 539)

Einführung Schon die Evangelien sind ein knapper Bericht über die Heilsgeheimnisse, die Gott durch seinen menschgewordenen Sohn Jesus Christus gewirkt hat. Der Apostel Paulus fasst das Wesentliche des Lebens Jesu in einem Hymnus, den er wohl schon übernommen hat, noch einmal in kürzester Form zusammen: die Gottgleichheit des ewigen Sohnes Gottes, seine Menschwerdung aus freiem Willen und aus Liebe, seine äußerste Erniedrigung am Kreuz und schließlich seine Erhöhung in Auferstehung und Himmelfahrt, die alles im Himmel und auf Erden dazu bringt, Christus als den Herrn zu bekennen. In dieses Bekenntnis wollen auch wir jetzt einstimmen, wenn wir im Rosenkranz über das Geheimnis Christi nachsinnen.

Lobpreis
V Christus, Gott gleich in allem seit Ewigkeit.
A Lob dir, Christus, König und Erlöser! (GL 176,5 *oder* GL 584,9)
V Christus, uns Menschen gleich geworden in deiner Geburt.
Christus, gehorsam geworden bis zum Tod am Kreuz.

Christus, vom Vater erhöht.
Christus, größter und heiligster aller Namen.
Christus, vor dem wir unsere Knie beugen.
Christus, den wir bekennen als unseren Herrn.

Lied GL 370,1.3–4 (Christus, du Herrscher Himmels und der Erde)

Gebet Allmächtiger, ewiger Gott, deinem Willen gehorsam, hat unser Erlöser, dir gleich an Herrlichkeit, Fleisch angenommen; er hat sich selbst erniedrigt und sich unter die Schmach des Kreuzes gebeugt. Hilf uns, dass wir ihm auf dem Weg des Leidens nachfolgen und an seiner Auferstehung und Verherrlichung Anteil erlangen. Darum bitten wir durch ihn, Jesus Christus. *(nach dem Tagesgebet vom Palmsonntag)*

WORTVERKÜNDIGUNG

Schrifttext Aus dem Brief des Apostels Paulus an die Philipper.
Seid untereinander so gesinnt, wie es dem Leben in Christus Jesus entspricht:
Er war Gott gleich, hielt aber nicht daran fest, wie Gott zu sein, sondern er entäußerte sich und wurde wie ein Sklave und den Menschen gleich. Sein Leben war das eines Menschen; er erniedrigte sich und war gehorsam bis zum Tod, bis zum Tod am Kreuz. Darum hat ihn Gott über alle erhöht und ihm den Namen verliehen, der größer ist als alle Namen, damit alle im Himmel, auf der Erde und unter der Erde ihre Knie beugen vor dem Namen Jesu und jeder Mund bekennt: Jesus Christus ist der Herr – zur Ehre Gottes, des Vaters.
Wort des lebendigen Gottes!

Impuls Der Apostel Paulus schreibt aus der Gefangenschaft einen Brief an die von ihm gegründete christliche Gemeinde in Philippi. Es ist seine Lieblingsgemeinde, und dennoch sieht er in ihr Tendenzen der Spaltung.

So stellt er ihr das Beispiel Christi als Vorbild dienenden Lebens vor Augen: nicht Beharren auf seinem Wesen, Eingehen in die Menschheitsgeschichte, Dienst bis zur Hingabe des Lebens und gerade dadurch Erhöhung durch den Vater. Daher gebührt ihm die Anbetung aller Wesen im Himmel und auf Erden. Auf diese Haltung Christi, so sagt Paulus, sollen wir Christen schauen, sie uns zu eigen machen: nicht in falschem Stolz und Hochmut schwelgen angesichts unserer Erwählung durch Christus, sondern in Einfachheit und Demut unseren Weg gehen, bereit sein zum Dienst nach dem Beispiel Christi. Betrachten wir im Beten des Rosenkranzes die große Demut und Herrlichkeit Christi und beten wir zugleich um die rechte Gesinnung in seiner Nachfolge.

ROSENKRANZGEBET

    Jesus, der Gott gleich war
    Jesus, der ein Mensch wurde wie wir
    Jesus, der gehorsam war bis zum Tod am Kreuz
    Jesus, den der Vater über alle erhöht hat
    Jesus, vor dessen Namen wir unsere Knie beugen

ABSCHLUSS

Lied
Bei Aussetzung des Allerheiligsten:
GL 493,1–4 (Preise, Zunge)

Fürbitten Durch Christus, Gottes menschgewordenen und zu seiner Rechten erhöhten Sohn, geheimnisvoll in unserer Mitte gegenwärtig, wollen wir zum Vater im Himmel beten: Du, unser Vater, höre uns!

- Du Gott von Ewigkeit: Gib allen, die auf den Namen Christi getauft wurden, liebende Ehrfurcht vor dir, dem Heiligen.
- Dein Sohn wurde uns Menschen gleich in allem. Hilf allen Christen, in jedem Menschen den Widerschein des Antlitzes Christi zu sehen.

○ Dein geliebter Sohn nahm in Gehorsam Leiden und Kreuzestod auf sich. Sei denen nahe, die an der Schwelle des Todes stehen.
○ Vor dem Namen Jesus müssen nach deinem Willen alle geschaffenen Wesen ihre Knie beugen. Gib uns eine tiefe Ehrfurcht vor dem in der heiligen Eucharistie gegenwärtigen Herrn.
○ Jeder muss Christus als den Herrn bekennen. Hilf uns, unser Leben nach dem Wort Christi auszurichten zu deiner Ehre.
○ Du hast deinen Sohn aus dem Tod errettet und ihn über alle erhöht. Schenke unseren Verstorbenen das ewige Leben.

Dir, dem ewigen Vater, gebührt mit Christus, unserem Herrn, im Heiligen Geist Lobpreis und Herrlichkeit.

Mit den Worten, die dein geliebter Sohn uns gelehrt hat, wollen wir beten:

Vaterunser

Gebet Herr, unser Gott, du hast deinen geliebten Sohn zu uns gesandt, um dir aus allen Völkern ein Volk zu sammeln und die Menschheit zu einen. Du mahnst uns, auf deinen Sohn zu hören und seinem Beispiel zu folgen. Gib uns im Blick auf seine Demut Ausdauer im Bemühen, dir und den Menschen zu dienen, damit wir in der Nachfolge und Verehrung deines Sohnes unser himmlisches Ziel erreichen. Darum bitten wir durch Jesus Christus, deinen Sohn, unseren Herrn und Gott, der in der Einheit des Heiligen Geistes mit dir lebt und herrscht in Ewigkeit.

Lied GL 493,4–5

Eucharistischer Segen
oder
Segen   Es segne euch Gott, der Vater unseres Herrn Jesus Christus, der seinen Sohn in diese Welt gesandt hat.
A   Amen.
     Sein Tod am Kreuz und seine Auferstehung erwirke euch Leben in Fülle.
A   Amen.
     Am Ende eurer Tage nehme er euch auf in die Herrlichkeit des Himmels.
A   Amen.

Lied   GL 380,6–8 (Großer Gott)

15
DAS WORT WAR GOTT
JOH 1,1–18

1. Jesus, der am Herzen des Vaters ruht
2. Jesus, in dem die Herrlichkeit Gottes erschien
3. Jesus, der als Licht in die Welt gekommen ist
4. Jesus, der unter uns gewohnt hat
5. Jesus, der keine Aufnahme fand

ERÖFFNUNG

Lied GL 252,1–2.4 (Gelobet seist du, Jesu Christ)

Einführung Mehrmals im Lauf des Kirchenjahres – besonders in der Weihnachtszeit, aber auch zu Fronleichnam – begegnet uns der Prolog des Johannesevangeliums: „Im Anfang wr das Wort …" Ein mächtiger Hymnus, der wie die Ouvertüre einer Oper schon alle wesentlichen Themen anspricht, die dann sein gewaltiges Werk nach und nach aufgreift: Jesu Ursprung im und aus dem Vater und zugleich sein Ziel, seine Lebensmitte; Jesus, der zu uns kam als Licht, aber keine Aufnahme fand. Versenken wir uns im Rosenkranzgebet in die Betrachtung dieser tiefen Geheimnisse unseres Glaubens!

ROSENKRANZGEBET

1. Jesus, der am Herzen des Vaters ruht

Schrifttext Niemand hat Gott je gesehen. Der Einzige, der Gott ist und am Herzen des Vaters ruht, er hat Kunde gebracht. (Joh 1,18)

Impuls Andreas und „der andere Jünger" gingen auf das Wort Johannes' des Täufers hinter Jesus her. Als dieser sich umwandte und fragte, was sie wollten, entgegneten sie: „Meister, wo wohnst du? Er antwortete: Kommt und seht!" (Joh 1,38 f) Diese Frage zielt tiefer als nur auf seine irdische Wohnadresse. Sie sollen erkennen, wo er wirklich zu Hause ist: im Vater. Im Buch der Sprichwörter lesen wir über die Weisheit: „Der Herr hat mich geschaffen im Anfang seiner Wege, vor seinen Werken in der Urzeit; in frühester Zeit wurde ich gebildet, am Anfang, beim Ursprung der Erde ... als er die Fundamente der Erde abmaß, da war ich als geliebtes Kind bei ihm. Ich war seine Freude Tag für Tag und spielte vor ihm allezeit" (Spr 8,22f.30). Der Apostel Paulus nennt Christus „Gottes Kraft und Gottes Weisheit" (1 Kor 1,24), so dass wir diese Worte aus der Heiligen Schrift des Alten Bundes auf Christus hin hören dürfen. Und diese ewige Weisheit Gottes ist in Jesus Christus zu uns auf die Erde gekommen, um uns alles mitzuteilen, was für unser Heil von Bedeutung ist.

Beten wir in diesem Gesätz für jene, die Gottes Wort hören, um ein weises Herz und um tiefe Einsicht in Gottes weise Pläne.

Gesätz

Gesang GL 95 (Du Licht vom Lichte)

2. Jesus, in dem die Herrlichkeit Gottes erschien

Schrifttext Und das Wort ist Fleisch geworden und hat unter uns gewohnt und wir haben seine Herrlichkeit gesehen, die Herrlichkeit des einzigen Sohnes vom Vater, voll Gnade und Wahrheit. (Joh 1,14)

Impuls Die „Herrlichkeit Gottes" zeigt sich dem biblischen Menschen auf verschiedene Weisen, beispielsweise in Naturerscheinungen wie Feuer, Sturm, Erdbeben, Wolken, Gewitter, Licht, aber auch an verschiedenen

Orten, an denen Gott sich offenbart, ganz besonders im Tempel in Jerusalem. Der Evangelist Johannes sagt: Die Herrlichkeit Gottes erschien im Menschen Jesus von Nazaret, und wir durften sie schauen. Das ist nun wirklich etwas ganz Wundersames. Zu Mose sagte Gott: „Du kannst mein Angesicht nicht sehen; denn kein Mensch kann mich sehen und am Leben bleiben" (Ex 33,20). Johannes dagegen sagt: „… wir haben seine Herrlichkeit gesehen." In Jesus ist Gott selber unter uns, und er zeigt sich uns so, dass wir am Leben bleiben und durch ihn das ewige Leben haben.

Beten wir in diesem Gesätz für alle, die sich schwer tun, in jedem Menschen das Abbild Gottes zu erkennen und ihm mit Respekt und Würde zu begegnen.

Gesätz

Lied GL 241,3 (Nun freut euch, ihr Christen)

3. Jesus, der als Licht in die Welt gekommen ist

Schrifttext Jesus sagt: Ich bin das Licht der Welt. Wer mir nachfolgt, wird nicht in der Finsternis umhergehen, sondern wird das Licht des Lebens haben. (Joh 8,12)
Ihr seid das Licht der Welt. Eine Stadt, die auf einem Berg liegt, kann nicht verborgen bleiben. (Mt 5,14)

Impuls Heute sind oft auch die Nächte taghell erleuchtet. Zur Zeit Jesu und noch lange danach war Licht etwas sehr Kostbares, und wie sehr sehnen wir selber uns nach den langen Nächten und den Nebeltagen des Winters nach dem Licht der Sonne. Jesus sagt von sich selber, dass er das Licht ist, das alle Finsternis zu überwinden vermag. Wer von Jesus an- und ausgeleuchtet wird, wird aber selber zum Licht für diese Welt. Sein Leben wird zu einem Widerschein des Lichts, das ihn erleuchtet.

Beten wir in diesem Gesätz für alle Menschen, in deren Leben es dunkel ist: die in großer Traurigkeit leben, im Irrtum befangen sind, die ohne Freude ihr Leben fristen.

Gesätz

Lied GL 461,1.4 (Mir nach, spricht Christus)

4. Jesus, der unter uns gewohnt hat

Schrifttext Und das Wort ist Fleisch geworden und hat unter uns gewohnt. (Joh 1,14a)
Was von Anfang an war, was wir gehört haben, was wir mit unseren Augen gesehen, was wir geschaut und was unsere Hände angefasst haben, das verkünden wir: das Wort des Lebens. (1 Joh 1,1)

Impuls „Und das Wort ist Fleisch geworden und hat unter uns gewohnt." Wie oft haben wir diese Worte im „Engel des Herrn" schon gebetet. Fast könnten die Worte dadurch an Gewicht einbüßen. Aber wir müssen immer wieder neu – geradezu erschüttert – staunen vor diesem Geheimnis: Gott ist sich nicht zu gut, in allem uns gleich zu werden, die Sünde ausgenommen. Durch die Menschwerdung seines Sohnes beginnt Gott, uns zu seinen Kindern zu machen.
Beten wir für alle Getauften, dass sie im Wissen, von Gott Beschenkte zu sein, durch geübte Nächstenliebe demütig Zeugnis geben von der großen Liebe Gottes zu uns.

Gesätz

Lied GL 252,2.5 (Gelobet seist du, Jesu Christ)

5. Jesus, der keine Aufnahme fand

Schrifttext Er war in der Welt und die Welt ist durch ihn geworden, aber die Welt erkannte ihn nicht. Er kam in sein Eigentum, aber die Seinen nahmen ihn nicht auf. (Joh 1,10 f)

Impuls Welche Tragödie: Der, durch den alles geschaffen ist, kommt in die Welt, aber er wird nicht erkannt – nicht von den Führenden Israels, nicht von denen, die in unseren Tagen dem Glauben abschwören, nicht von denen, die von ihm Kunde erhalten, aber ihr Herz nicht öffnen. Und dennoch ein großes Geheimnis: In völliger Freiheit lädt er die Menschen ein, ihn aufzunehmen, ihm die Führung in ihrem Leben zu überlassen. Wo dies geschieht, ereignen sich Wunder, werden Menschen zu Kindern Gottes, so sagt es uns Johannes.
Wenn auch die Welt Christus nicht aufnimmt, so ist er dennoch gekommen, damit Gott uns in ihm zu seinen Kindern macht, wenn wir nur glauben.
Beten wir für alle, deren Herz verhärtet ist und die die Frohe Botschaft zurückweisen.

Gesätz

Lied GL 252,6–7 (Gelobet seist du, Jesu Christ)

ABSCHLUSS

Wechselgebet GL 675,2

Oration Herr, unser Gott, in deinem eingeborenen Sohn ist uns das wahre Licht aufgestrahlt. Lass uns dieses Geheimnis im Glauben erfassen und bewahren, bis wir im Himmel den unverhüllten Glanz deiner Herrlichkeit schauen. Darum bitten wir durch Jesus Christus.
(nach dem Tagesgebet in der Heiligen Nacht)

Lied GL 239,1.5 (Zu Betlehem geboren)

„ACH BLEIB MIT DEINER GNADE BEI UNS, HERR JESU CHRIST"

ROSENKRANZGEBET
IN BESONDEREN ANLIEGEN

16
JESUS, UNSRE ZUVERSICHT

IN ANGST UND NOT

1. Jesus, der keinen Ort hatte, sein Haupt zu betten
2. Jesus, der uns nachgeht, wenn wir uns verirrt haben
3. Jesus, der unsere Not geteilt hat
4. Jesus, der Todesangst hatte
5. Jesus, der bei uns bleibt, wenn es Abend wird

ERÖFFNUNG

Lied GL 423,1–2 (Wer unterm Schutz des Höchsten steht)

Einführung Angst und Not im Leben eines Menschen sind so unterschiedlich, wie es Lebenswege gibt. Angst, Not und Leid sind ebenso vielfältig, wie es dafür Gründe und Umstände gibt. Nicht einmal für die Umgehensweise mit solch schmerzlichen Situationen gibt es feste Normen. Auch wenn Menschen uns in Liebe beistehen und nach besten Kräften helfen, so sind wir doch im Letzten auf Gott und seine Hilfe angewiesen. Er allein kann uns die Kraft, den Mut, die Hoffnung schenken, dass Not und Leid – ja nicht einmal der Tod – das letzte Wort haben.
Auch Jesus ist durch tiefstes Leid und abgrundtiefe Angst und Not gegangen in seinem Gebet am Ölberg. Obwohl er ja wusste, dass nach Passion und Kreuzestod die Auferstehung und das Leben bei seinem Vater das endgültige Ziel sind, erfuhr er in ungeahnter Härte die Angst und Not eines verlassenen Menschen.
So können wir gewiss sein, dass Jesus, unser Bruder und Erlöser, auch unsere Not kennt und wir uns ihm ganz öffnen können.
Wir wollen ihm in diesem Rosenkranzgebet Menschen anvertrauen, die in Angst und Not sind.

ROSENKRANZGEBET

1. Jesus, der keinen Ort hatte, sein Haupt zu betten

Schrifttext Als Jesus die vielen Menschen sah, die um ihn waren, befahl er, ans andere Ufer zu fahren. Da kam ein Schriftgelehrter zu ihm und sagte: Meister, ich will dir folgen, wohin du auch gehst. Jesus antwortete ihm: Die Füchse haben ihre Höhlen und die Vögel ihre Nester; der Menschensohn aber hat keinen Ort, wo er sein Haupt hinlegen kann. (Mt 8,18–20)

Impuls Frei und ungebunden zu sein, ist etwas Besonderes. Doch Heimatlosigkeit ist ein schweres und bedrückendes Los, welche Gründe auch immer dazu geführt haben. Bedrückende Fremdheit und soziale Ausgrenzung können Armut und Verelendung über diese Menschen bringen. Wie wichtig ist es, in solcher Lage zuverlässige und wohlmeinende Hilfen zu erfahren.

Beten wir für die Menschen, die durch Flucht, Vertreibung und Unglück heimatlos geworden sind und ganz auf die Hilfe fremder Menschen angewiesen sind. Lass sie einen Ort finden, wo sie menschenwürdig leben können und neue Zukunft und Heimat finden.

Gesätz

Lied GL 275,1–2 (Selig, wem Christus)

2. Jesus, der uns nachgeht, wenn wir uns verirrt haben

Schrifttext Was meint ihr, fragt Jesus seine Jünger: Wenn jemand hundert Schafe hat und eines von ihnen sich verirrt, lässt er dann nicht die neunundneunzig auf den Bergen zurück und sucht das Verirrte? Und wenn er es findet – amen, ich sage euch: Er freut sich über dieses eine mehr als über die neunundneunzig, die sich nicht verirrt haben. (vgl. Mt 18,12–13)

Impuls Jesus gibt uns hier wieder ein Bild der absoluten und überschwänglich treuen Sorge und Liebe Gottes um jeden einzelnen Menschen. Wir brauchen daher dieses Gleichnis nicht in unsere wirtschaftliche Realität zu übertragen. Da würde der Hirte abwägen, ob er den Verlust eines einzigen Schafes in Kauf nehmen kann, damit er die übrigen neunundneunzig nicht der gleichen Gefahr aussetzt. Ja, Gott rechnet anders. Größeres als seinen eigenen Sohn konnte er uns nicht schenken, damit wir auf unserem Lebensweg nicht verloren gehen.
Beten wir für die Menschen, die sich Jesus Christus entfremdet haben und nun wieder Vertrauen zu ihm suchen. Bitten wir den Herrn, dass er ihnen Herz und Augen öffne und ihnen in seiner Liebe entgegenkomme.

Gesätz

Lied GL 366 (Jesus Christus, guter Hirte)

3. Jesus, der unsere Not geteilt hat

Schrifttext Eines Tages stieg Jesus mit seinen Jüngern in ein Boot und sagte zu ihnen: Wir wollen ans andere Ufer des Sees hinüberfahren. Und sie fuhren ab. Während der Fahrt aber schlief Jesus ein. Plötzlich brach über dem See ein Wirbelsturm los; das Wasser schlug in das Boot, und sie gerieten in große Gefahr. Da traten sie zu ihm und weckten ihn; sie riefen: Meister, Meister, wir gehen zugrunde! Da stand er auf, drohte dem Wind und den Wellen und sie legten sich, und es trat Stille ein. Dann sagte er zu den Jüngern: Wo ist euer Glaube? Sie aber fragten einander voll Schrecken und Staunen: Was ist das für ein Mensch, dass sogar die Winde und das Wasser seinem Befehl gehorchen? (Lk 8,22–25)

Impuls Der See Gennesaret, auf dem Jesus mit seinen Jüngern unterwegs ist, hat bis heute nichts von seiner Gefährlichkeit verloren. Mit plötzlich aufkommenden Unwettern müssen die Menschen immer rechnen. Das wusste auch Jesus. Doch er schien ruhig zu schlafen, auch nachdem schon der Sturm seine ganze Macht zeigte und sie alle in akute Gefahr brachte. Erst als die Jünger ihn weckten, griff er ein und brachte das Unwetter zum Schweigen. So plötzlich, wie der lebensbedrohende Sturm aufgekommen war, so schnell war er auch auf Jesu Befehl hin vorbei. Und dann mussten die Jünger sich fragen lassen: Wo ist euer Glaube?

Wo ist unser Glaube? Was immer unser Leben bedroht, auch unser Glaube ist immer wieder gefordert und muss sich bewähren als Fundament und Grund unserer Hoffnung. Ohne Glauben aber kann es keine Beziehung zu Jesus Christus geben, den wir in großer Not suchen. „Herr, zu wem sollen wir gehen – du allein hast Worte ewigen Lebens." Ihm allein können wir wirklich vertrauen.

Beten wir für die Menschen, deren Leben bedroht ist durch menschliche Gewalt, durch Krankheit oder Naturkatastrophen. Bitten wir den Herrn, dass er ihnen Auswege aus ihrer Not zeige und ihnen wirkliche Hilfe und Halt ist.

Gesätz

Lied GL 421,1-2 (Mein Hirt ist Gott der Herr)

4. Jesus, der Todesangst hatte

Schrifttext Jesus verließ die Stadt und ging, wie er es gewohnt war, zum Ölberg; seine Jünger folgten ihm. Als er dort war, sagte er zu ihnen: Betet darum, dass ihr nicht in Versuchung geratet! Dann entfernte er sich von ihnen ungefähr einen Steinwurf weit, kniete nieder und betete: Vater, wenn du willst, nimm diesen Kelch von mir! Aber nicht mein, sondern dein Wille soll geschehen. Da erschien ihm ein Engel vom Himmel und gab ihm (neue) Kraft. Und er betete in seiner Angst noch inständiger, und sein Schweiß war wie Blut, das auf die Erde tropfte. (Lk 22,39–44)

Impuls Was bedeutet der Begriff Todesangst für uns? Die Angst vor dem entsetzlichen Alleinsein im Tod? Die Angst, das Sterben nicht durchstehen zu können? Die bange Frage: Wem werde ich auf der anderen Seite begegnen und wie werde ich empfangen? Was war mein Leben wert – wie werde ich gerichtet? Gibt es überhaupt etwas nach dem Tod?
Jesus begibt sich in diesen Stunden wieder auf den Weg zu seinem Vater. Er weiß, was ihm in den kommenden Stunden bevorsteht. In den letzten Minuten seines qualvollen Sterbens am Kreuz wird er seine Not hinausschreien: „Mein Gott! Mein Gott! Warum hast du mich verlassen?"
Und dann: „Vater, in deine Hände lege ich meinen Geist!" Wenn wir uns in diesem Vertrauen an Gott halten können, dann ist auch für uns alle Todesangst vorüber.
Beten wir für die Schwerkranken und Sterbenden und für all jene, die durch einen plötzlichen Tod ihr Leben an Gott zurückgeben müssen, dass der Herr sie empfange mit seiner barmherzigen und vergebenden Liebe.

Gesätz

Lied GL 283 (Aus der Tiefe rufe ich zu dir)

5. Jesus, der bei uns bleibt, wenn es Abend wird

Schrifttext Der Auferstandene und die beiden Jünger erreichten das Dorf, zu dem sie unterwegs waren. Jesus tat, als wolle er weitergehen, aber sie drängten ihn und sagten: Bleib doch bei uns; denn es wird bald Abend, der Tag hat sich schon geneigt. Da ging er mit ihnen hinein, um bei ihnen zu bleiben. (Lk 24,28–31)

Impuls Jesus ist da. Jesus lebt. Das ist die ganze Osterbotschaft. Jesus ist da, auch wenn es zeitweilig um uns und in uns Abend, ja Nacht wird und wir Angst haben vor dem Alleinsein. Um sein Bleiben müssen wir ihn immer wieder bitten und von ihm erbitten, dass er uns die Augen öffne, dass wir ihn in unserem Leben erkennen. Denn alles erfahrene Leid und alle durchlittene Angst und Not unseres Daseins kann in solcher Begegnung geheilt und gewandelt werden.
Beten wir für die Menschen, in den es dunkel geworden ist, die in die Nacht ihres Lebens gehen. Der Herr sei mit ihnen wie mit den Emmausjüngern und schenke ihnen Menschen, die sie mit Freude auf ihrem Weg begleiten.

Gesätz

Lied GL 325,1–3 (Bleibe bei uns)

ABSCHLUSS

Schlussgebet Herr Jesus Christus, in deinem Leben warst du konfrontiert mit dem tiefen Elend und der großen Not so vieler Menschen, denen du auf den Straßen begegnet bist. Du hast sie getröstet und sie aus ihrer Not befreit. Aber auch du selbst hast Angst und Not in deinem irdischen Leben erfahren müssen. Armut und Entbehrungen, Ablehnung und Anfeindungen musstest du täglich auf dich nehmen. Doch in deinem Vater fandest du Halt und Kraft. Hilf auch uns, dass wir in allem, was uns geschieht, zu dir unsere Zuflucht nehmen und bei dir Halt und Hilfe finden.
So bitten wir dich: Herr, bleibe bei uns am Abend des Tages, am Abend unseres Lebens, am Abend der Welt, damit wir heimkehren zu dir, wo kein Leid und keine Not mehr sein wird.

Segensbitte So segne, behüte und bewahre uns und alle, die uns verbunden sind,
der dreieinige Gott:
der Vater, der Sohn und der Heilige Geist.

Lied GL 423,3 (Wer unterm Schutz des Höchsten steht)

17
JESUS, UNSER FREUND
IN ENTTÄUSCHUNG

1. Jesus, der von Geheilten keinen Dank erfuhr
2. Jesus, der „Hosianna" und „Ans Kreuz mit ihm" hörte
3. Jesus, der von seinem Freund verraten wurde
4. Jesus, der von Petrus verleugnet wurde
5. Jesus, den seine Jünger verließen

ERÖFFNUNG

Lied GL 416,1–2 (Was Gott tut, das ist wohlgetan)

Einführung Wer von einem Menschen, mit dem er es gut gemeint hatte oder dem er vertraute, enttäuscht oder gar hintergangen wurde, kann oft lange an dieser seelischen Verletzung leiden. Sie fügt einem großes Leid und schweren Schmerz zu. Der Betreffende muss sich beschämt und traurig eingestehen, dass er sich in diesem Menschen getäuscht hat. Diese bittere Erfahrung blieb auch Jesus nicht erspart. So kann er uns verstehen, wenn wir uns im Rosenkranzgebet an ihn wenden und für Menschen beten, die in ihrem Leben durch ein dunkles Tal gehen, weil sie privat oder beruflich – vielleicht aber auch in ihrer Beziehung zu Gott – enttäuscht wurden.

Lied GL 416,3

ROSENKRANZGEBET

1. Jesus, der von Geheilten keinen Dank erfuhr

Schrifttext Als Jesus in ein Dorf hineingehen wollte, kamen ihm zehn Aussätzige entgegen. Sie blieben in der Ferne stehen und riefen: Jesus, Meister, hab Erbarmen mit uns! Als er sie sah, sagte er zu ihnen: Geht, zeigt euch den Priestern! Und während sie zu den Priestern gingen, wurden sie rein. Einer von ihnen aber kehrte um, als er sah, dass er geheilt war; und er lobte Gott mit lauter Stimme. Er warf sich vor den Füßen Jesu zu Boden und dankte ihm. Dieser Mann war aus Samarien. Da sagte Jesus: Es sind doch alle zehn rein geworden. Wo sind die übrigen neun? Ist denn keiner umgekehrt, um Gott zu ehren, außer diesem Fremden? (Lk 17,12–18)

Impuls Da sind Eltern, die sich mit großer Hingabe ihren Kindern widmen; ihnen ein liebevolles Zuhause schenken; sich selbst im Stillen wünschenswerte Dinge zugunsten der Kinder versagen usw. Und von den Kindern kommt nichts zurück. Sie gehen ihre Wege und zeigen keine Motivation, nach dem Wohlergehen ihrer Eltern zu fragen, Zeit und Interesse für sie zu bekunden, Anteil an ihrem Leben zu nehmen.
Da ist der nahestehende Angehörige, der zu Hause einen Kranken mit Zuneigung und Hingabe über Wochen und Monate hinweg pflegt, aus freier Entscheidung die eigenen Bedürfnisse hinten anstellt, sich mit seinen zur Verfügung stehenden Mitteln einsetzt, für den der Kranke aber nur mit Mühe ein Wort der Anerkennung und des Dankes hervorbringt, ja, sich eher unzufrieden und fordernd äußert.
Da hat das junge Paar sich ernsthaft und mit großer Zuneigung zueinander für einen gemeinsamen Lebensweg entschieden und muss nach einigen Jahren feststellen, dass der vertraute Partner oder die Partnerin den anderen hintergeht und eine neue Beziehung eingegangen ist.

Das sind Situationen, die den anderen über Jahre hinweg belasten und tief verletzen, Wunden, die manchmal nach Jahren noch nicht verheilt sind und deren Narben lange schmerzen.

Beten wir für die Menschen, die sich für andere einsetzen und anstelle von Dank und Treue tiefe Enttäuschungen erleben mussten. Bitten wir den Herrn um große innere Kraft, die sie vor Resignation und Verzweiflung bewahrt.

Gesätz

Lied GL 416,4

2. Jesus, der „Hosianna" und „Ans Kreuz mit ihm" hörte

Schrifttext Viele Menschen breiteten ihre Kleider auf der Straße aus, andere schnitten Zweige von den Bäumen und streuten sie auf den Weg. Die Leute aber, die vor ihm hergingen und die ihm folgten, riefen: Hosanna dem Sohne Davids! Gesegnet sei er, der kommt im Namen des Herrn. Hosanna in der Höhe! (Mt 21,8–9)
Der Statthalter fragte die Menge: Wen von beiden soll ich freilassen? Sie riefen: Barabbas! Pilatus sagte zu ihnen: Was soll ich dann mit Jesus tun, den man den Messias nennt? Da schrien sie alle: Ans Kreuz mit ihm! Er fragte sie: Was für ein Verbrechen hat er denn begangen? Da schrien sie noch lauter: Ans Kreuz mit ihm! (Mt 27,21–23)

Impuls Kennen wir nicht auch heute noch Menschen, denen Ansehen und Karriere über Recht und Gerechtigkeit gehen? Doch ich muss mich selbst fragen, wie ich mich verhalte in meinem persönlichen Umfeld wie Familie, Schule, Arbeitsplatz, Gemeinde, gleich, ob in verantwortungsvoller Position oder untergeordneter Stellung, wenn mir Prestigeverlust droht oder meine Laufbahn gefährdet ist. Neige ich dann dazu, ohne Rücksicht auf andere meine Interessen durchzusetzen?

Wem gehorche ich? Bin ich wie eine Fahne im Wind, die sich nach der öffentlichen Meinung richtet, auch wenn ein anderer dadurch gefährdet ist oder schweren Schaden erleidet? – Pilatus gibt uns Anlass zu ernster Gewissenserforschung. Beten wir für die Menschen, die für andere Verantwortung tragen oder über andere richten müssen, dass sie die Würde und das Wohl der Menschen achten. Beten wir aber auch für all jene, die zu Unrecht verurteilt wurden oder unter unredlichem, ungerechtem und willkürlichem Verhalten anderer leiden.

Gesätz

Lied GL 292 (Fürwahr, er trug unsre Krankheit)

3. Jesus, der von seinem Freund verraten wurde

Schrifttext Das Fest der Ungesäuerten Brote, das Pascha genannt wird, war nahe. Die Hohenpriester und die Schriftgelehrten suchten nach einer Möglichkeit, Jesus (unauffällig) zu beseitigen, denn sie fürchteten sich vor dem Volk. Der Satan aber ergriff Besitz von Judas, genannt Iskariot, der zu den Zwölf gehörte. Judas ging zu den Hohenpriestern und den Hauptleuten und beriet mit ihnen, wie er Jesus an sie ausliefern könnte. Da freuten sie sich und kamen mit ihm überein, ihm Geld dafür zu geben. Er sagte zu und suchte von da an nach einer Gelegenheit, ihn an sie auszuliefern, ohne dass das Volk es merkte. (Lk 22,1–6)

Impuls Jesus hat seine Jünger Freunde genannt, auch Judas war ein Freund Jesu. Er kannte Jesus ebenso gut wie die anderen Jünger. Jesus hat ihn den anderen gleichgestellt. Ab welchem Zeitpunkt begann Judas, sich innerlich von Jesus zu distanzieren, bis er sich ganz von ihm trennte und ihn dann seinen Feinden in die Hände spielte? War es die Brotrede Jesu, nach der viele Jünger ihn verließen? War Judas von Jesus enttäuscht, weil er seine Hoffnung auf einen politischen Führer nicht erfüllte?

Judas gehörte von Anfang an zum Lebens- und Leidensweg Jesu, den dieser ganz nach dem Willen des Vaters gegangen ist. „Musste nicht der Messias all das erleiden …?"
Beten wir für die Menschen, deren Vertrauen bitter enttäuscht wurde, dass der Herr ihre Kraft sei, das Erlebte ohne Vergeltungs- und Rachegedanken zu tragen, und sie dahin führe, dem anderen zu verzeihen.

Gesätz

Lied   GL 288,1–2 (Hört das Lied der finstern Nacht)

4. Jesus, der von Petrus verleugnet wurde

Schrifttext   Petrus saß draußen im Hof. Da trat eine Magd zu ihm und sagte: Auch du warst mit diesem Jesus aus Galiläa zusammen. Doch er leugnete es vor allen Leuten und sagte: Ich weiß nicht, wovon du redest. Und als er zum Tor hinausgehen wollte, sah ihn eine andere Magd und sagte zu denen, die dort standen: Der war mit Jesus aus Nazaret zusammen. Wieder leugnete er und schwor: Ich kenne den Menschen nicht. Kurz darauf kamen die Leute, die dort standen, zu Petrus und sagten: Wirklich, auch du gehörst zu ihnen, deine Mundart verrät dich. Da fing er an, sich zu verfluchen und schwor: Ich kenne den Menschen nicht. Gleich darauf krähte ein Hahn, und Petrus erinnerte sich an das, was Jesus gesagt hatte: Ehe der Hahn kräht, wirst du mich dreimal verleugnen. Und er ging hinaus und weinte bitterlich. (Mt 26,69–75)

Impuls   Die Verleugnung des Petrus muss Jesus bis ins Mark getroffen haben. Warum hat Petrus seinen Freund überhaupt verleugnet? Er hätte es doch gar nicht nötig gehabt. Er hätte sich doch durch ein Bekenntnis zu Jesus in keinerlei Gefahr gebracht. Es waren doch nur die drei Mägde, die ihn auf seine Beziehung zu Jesus ansprachen. Ihre Worte waren zudem auch nur eine Feststellung, dass Petrus zum Kreis um Jesus

gehört. Sie haben ihm weder gedroht noch ihn eingeschüchtert. Als er sich seines Tuns bewusst wurde, brach sein ganzes Selbstbewusstsein zusammen. Das alles sollte eine wichtige Mahnung für uns sein. Wie reagieren wir, wenn wir auf unseren Glauben, auf Gott und Kirche angesprochen werden? Es wäre sicher eine heilsame Übung, uns selbst diese wichtige Frage zu stellen, um uns unserer Haltung bewusst zu werden.
Beten wir für alle Christen um Standhaftigkeit im Glauben und bleibende Treue zur Kirche. Nehmen wir vor allem die verfolgten Christen mit in unser Gebet, die noch unter lebensgefährlichen Bedingungen zu ihrem Glauben stehen und sich mit Mut und Tapferkeit zu Jesus Christus und seiner Kirche bekennen.

Gesätz

Lied GL 288,5

5. Jesus, den alle seine Jünger verließen

Schrifttext Jesus sagte zu den Männern, die ihn verhaften wollten: Wie gegen einen Räuber seid ihr mit Schwertern und Knüppeln ausgezogen, um mich festzunehmen. Tag für Tag war ich bei euch im Tempel und lehrte, und ihr habt mich nicht verhaftet; aber (das ist geschehen), damit die Schrift in Erfüllung geht. Da verließen ihn alle und flohen. (Mk 14,48–50)

Impuls Jesus – als Mensch in größter Not und Bedrängnis. Und seine Freunde lassen ihn im Stich. Nur wenige Stunden zuvor hatten sie noch geschworen, Jesus niemals zu verlassen, und Petrus hatte sogar beteuert: „Und wenn ich mit dir sterben müsste – ich werde dich nie verleugnen." Das Gleiche sagten auch alle anderen. Jetzt aber, wo es sich zeigt, dass es für Jesus ernst wird, ergreifen sie die Flucht.
Niemand steht ihm bei in der Verhandlung und Verurteilung bei Pilatus, um ihn zu verteidigen und die

falschen Anklagen zu widerlegen. Einsamer konnte der Herr nicht mehr werden. Allein war er dem Pöbel, den bestechlichen Richtern ausgesetzt. So nahm die Tragödie ihren unaufhaltsamen Verlauf.
Beten wir für alle auf den Namen Christi Getauften, dass sie in Zeiten der Prüfung und Versuchung nicht fallen und ihren Glauben an Jesus Christus nicht verleugnen. Bitten wir den Herrn um die Gnade der Treue und Standhaftigkeit.

Gesätz

Lied GL 288,3–4.6

ABSCHLUSS

Gebet Herr, lass das Böse geringer werden und das Gute umso kraftvoller sein.
Lass die Traurigkeit schwinden und die Freude um sich greifen.
Lass uns annehmen und geben können und einander behilflich sein.
Lass die Missverständnisse aufhören und die Enttäuschten neuen Mut gewinnen.
Lass die Kranken Trost finden und die Sterbenden dein Erbarmen erfahren.
Lass uns wohnen können auf Erden und die Güter der Erde gerecht verteilen.
Lass Frieden unter den Menschen sein, Frieden im Herzen – rund um die Erde.
(*nach* GL 1975, 8,2)

Segensbitte Auf unserem Weg begleite uns der Segen des barmherzigen Gottes: des Vaters und des Sohnes und des Heiligen Geistes.

Lied GL 459 (Selig seid ihr, wenn ihr Wunden heilt)

18
JESUS, UNSER HEILAND
IN KRANKHEIT

1. Jesus, der sich der Ausgegrenzten annimmt
2. Jesus, der uns aufrichtet
3. Jesus, der unsere Krankheiten trug
4. Jesus, der unser Heiland ist
5. Jesus, der sich der Kranken annimmt

ERÖFFNUNG

Lied GL 414,1–2 (Herr, unser Herr, wie bist du zugegen)

Einführung Leiden, Schmerzen und Krankheit gehören zu unserem Leben. Vor allem in zunehmendem Alter werden sie zu Begleitern. Sie lassen das, was an gesunden Tagen so schön und glücklich erscheint, in den Hintergrund treten; plötzlich dreht sich viel im Leben um die Frage nach Linderung von Schmerzen, nach der Dauer und Schwere der Krankheit, nach ihrem Verlauf. Angst und Verzweiflung kann die Menschen überfallen, denen eine schwere Krankheit diagnostiziert wurde.
Jesus wusste sich als „Heiland" zu den Menschen gesandt: Nicht die Gesunden brauchen den Arzt, sondern die Kranken, sagte er. Und das meinte er nicht auf die Seele bezogen, denn er heilte viele Menschen von ihren Gebrechen. So dürfen wir uns im Rosenkranzgebet auch an ihn wenden und ihm unsere Kranken anvertrauen.

Lied GL 414,3

ROSENKRANZGEBET

1. Jesus, der sich der Ausgegrenzten annimmt

Schrifttext Als Jesus im Haus des Zöllners Levi beim Essen war, aßen viele Zöllner und Sünder zusammen mit ihm und seinen Jüngern; denn es folgten ihm schon viele. Als die Schriftgelehrten, die zur Partei der Pharisäer gehörten, sahen, dass Jesus mit Zöllnern und Sündern aß, sagten sie zu seinen Jüngern: Wie kann er zusammen mit Zöllnern und Sündern essen? Jesus hörte es und sagte zu ihnen: Nicht die Gesunden brauchen den Arzt, sondern die Kranken. Ich bin gekommen, um die Sünder zu rufen, nicht die Gerechten. (Mk 2,15–17)

Impuls „Blicken wir den Ausgegrenzten in die Augen", so lautete der Titel der Ansprache von Papst Franziskus beim Angelusgebet am 15. Februar 2015. Jesus hat sich in besonderer Weise der am Rande Stehenden angenommen, derer, die von der herrschenden religiösen Schicht ausgegrenzt, missachtet, gemieden wurden, und sie liebevoll angeblickt. Der Schrifttext macht uns wieder deutlich, dass ich einen Menschen, der sich etwas zuschulden kommen ließ, leichter durch Annahme und Wertschätzung zur Umkehr bewege, als wenn ich ihn mit Verachtung bestrafe. Genau das will uns Jesus sagen. Er verurteilt die Sünde, aber nicht den Sünder – den Menschen, der einen Arzt für seine Seele braucht.

Schauen wir den Ausgegrenzten in die Augen, schenken wir ihnen wieder ein Ansehen – ein Angesehenwerden. Das ist nicht nur Auftrag der Amtsträger der Kirche, sondern ein Aufruf Jesu an jede und jeden von uns. Dann kann auch die Seele heilen, die Seele des Anderen und ebenso unsere Seele. Beten wir für die Menschen, die sich nach Heilung sehnen für Leib und Seele, die warten auf eine zuverlässig und aufrichtig ausgestreckte Hand. Bitten wir für sie, dass sie auch den Weg der Versöhnung mit Jesus Christus finden und ihn mit Entschiedenheit gehen.

Gesätz

Lied GL 414,4

2. Jesus, der uns aufrichtet

Schrifttext In der Synagoge saß eine Frau, die seit achtzehn Jahren krank war, weil sie von einem Dämon geplagt wurde; ihr Rücken war verkrümmt, und sie konnte nicht mehr aufrecht gehen. Als Jesus sie sah, rief er sie zu sich und sagte: Frau, du bist von deinem Leiden erlöst. Und er legte ihr die Hände auf. Im gleichen Augenblick richtete sie sich auf und pries Gott. (Lk 13,11–13)

Impuls Jesus handelt zuerst, indem er die Frau zu sich ruft. Mit ihrem gebeugten Rücken, der für alle sichtbar ist, ist sie von der menschlichen Gesellschaft ausgeschlossen. Er sieht, was sie braucht, um zu einem menschenwürdigen Leben zurückzufinden. Was kann eine liebevolle Berührung alles bewirken? Jesu Berührung heilt diese Frau von ihrem jahrelangen Leiden. Fragen wir uns: Kenne ich in meiner Umgebung Menschen, die vielleicht auf *meine* Berührung warten, auf eine wohlwollende Geste, auf ein liebevolles gutes Wort in Form von Lob, Anerkennung und Wertschätzung?
Beten wir für die Betroffenen, die durch Krankheit und Behinderung einsam geworden sind und nur mühsam allein ihren Alltag bewältigen. Der Herr stelle ihnen Menschen zur Seite, die sie einfühlsam und selbstlos immer wieder aufrichten, wenn ihnen das Leben zur Last geworden ist.

Gesätz

Lied GL 414,5

3. Jesus, der unsere Krankheiten trug

Schrifttext Er hat unsere Sünden mit seinem Leib auf das Holz des Kreuzes getragen, damit wir tot seien für die Sünde und für die Gerechtigkeit leben. Durch seine Wunden seid ihr geheilt. (1 Petr 2,24)

Impuls Schulderfahrungen können zu großen psychischen Belastungen führen, die uns niederdrücken und krank machen. Leid, für das wir keine Schuld tragen, kann zu einer immensen Herausforderung werden, die uns große Charakterstärke und innere Festigkeit abverlangt. Jesus war ohne Schuld. Doch er lud unsere Sünde und Schuld auf sich und trug sie hinauf auf das Kreuz. Er starb stellvertretend für unsere Sünden, damit uns nicht die gerechte Strafe trifft, die wir verdient hätten.
Beten wir für all die Menschen, die schwere Schuld auf sich geladen haben, dass sie den Weg der Umkehr und Versöhnung gehen mit Gott und den Menschen. Jesus, unser Heiland, helfe durch sein Kreuz den Opfern von Feindschaft und Gewalt.

Gesätz

Lied GL 292 (Fürwahr, er trug unsre Krankheit)

4. Jesus, der unser Heiland ist

Schrifttext Die Menschen eilten durch die ganze Gegend und brachten die Kranken auf Tragbahren zu Jesus, sobald sie hörten, wo er war. Und immer, wenn er in ein Dorf oder eine Stadt oder zu einem Gehöft kam, trug man die Kranken auf die Straße hinaus und bat ihn, er möge sie wenigstens den Saum seines Gewandes berühren lassen. Und alle, die ihn berührten, wurden geheilt. (Mk 6,55–56)

Impuls Nicht nur die Kranken, sondern ebenso ihre Helfer, die sie auf die Straße hinaustrugen, hatten unbedingtes Vertrauen in die Heilungskraft Jesu. Diese machten sie jedoch abhängig davon, den Saum seines Gewandes berühren zu dürfen. Markus fügt hinzu: Und alle, die ihn berührten, wurden geheilt. Diese direkte Berührung wird uns heute nicht mehr geschenkt. Doch der Glaubende darf diese Berührung in einer innigen Beziehung zu Jesus Christus erfahren. Sie ist anders, aber nicht weniger intensiv und darum auch heilend und aufrichtend.

Niemand ist ausgenommen von Bedrängnis und Not, von Krankheit und Tod. Sie können schweres Leid bis hin zu Verzweiflung über jeden von uns bringen. Der Glaubende aber weiß sich gehalten und getragen durch Jesus Christus. Er darf das Wort Jesu erfahren: Geh hin, dein Glaube hat dir geholfen!

Wir beten für unsere Kranken, besonders für all jene, die keine Heilung mehr erhoffen können: dass sie die letzte Strecke ihres Lebensweges in großem Vertrauen auf Jesus Christus gehen. Der Herr bestärke auch die Menschen, die sie liebevoll und einfühlsam begleiten und sie nicht allein lassen.

Gesätz

Lied GL 436,4–5 (Ach bleib mit deiner Gnade)

5. Jesus, der sich der Kranken annimmt.

Schrifttext Als Jesus den Berg herabstieg, folgten ihm viele Menschen. Da kam ein Aussätziger, fiel vor ihm nieder und sagte: Herr, wenn du willst, kannst du machen, dass ich rein werde. Jesus streckte die Hand aus, berührte ihn und sagte: Ich will es – werde rein! Im gleichen Augenblick wurde der Aussätzige rein. (Mt 8,1–3)

Impuls Auch heute werden uns übergroße Anstrengungen abverlangt, um die großen Epidemien unserer Tage bekämpfen zu können. Zu Zeiten Jesu war es der Aussatz, der die Menschen in Angst und Schrecken versetzte. Weil es kein Heilmittel gegen den Aussatz gab, wurden die Kranken aus ihrem Haus und ihrem Dorf verbannt, lebten auf sich allein gestellt in Höhlen oder verlassenen Hütten. Doch Jesus hatte keine Berührungsängste, keine Angst vor einer Ansteckung. Als der Kranke ihn um Heilung anflehte, streckte er die Hand aus und berührte ihn.

Der Kranke war sich wohl auch dessen bewusst, dass seine Heilung von der Entscheidung und dem Willen Jesu abhing, wie es die Bitte zeigt: Wenn du willst, kannst du machen, dass ich rein werde. Wenn du willst … Vielleicht stellt sich manchem Leidenden die Frage: Hat Gott nicht gewollt, dass ich heil werde? Sie erleben ihre ganze Ohnmacht und ihre Abhängigkeit von Gott. Doch Gottes Entscheidung ist immer eine Entscheidung in Liebe. Denn er allein weiß, ob und was uns zum Segen gereicht.

Beten wir für die Kranken und besonders für die unheilbar Kranken, dass Gott ihnen die Kraft schenke, ihren Weg, ihre weitere Zukunft ihm anzuvertrauen. Bitten wir ihn, dass er sie vor Angst und Verzweiflung bewahre durch seine liebende Nähe und Begleitung.

Gesätz

Lied GL 453,1–2 (Bewahre uns Gott, behüte uns Gott)

ABSCHLUSS

Vaterunser Legen wir unsere Anliegen und Bitten in das Gebet hinein, das Jesus uns gelehrt hat: Vater unser …

Gebet GL 680,6

Segensbitte Es segne, behüte und bewahre uns und alle, die uns nahestehen, alle, für die wir gebetet haben, der dreieinige Gott: der Vater, der Sohn und der Heilige Geist.

Lied GL 453,3–4

19
JESUS, UNSER TROST

IN TOD UND TRAUER

1. Jesus, der unseren Tod starb
2. Jesus, der mit den Trauernden weint
3. Jesus, der die Trauernden getröstet hat
4. Jesus, der die Trauernden selig preist
5. Jesus, der auch unseren Tod überwunden hat

/ERÖFFNUNG

Lied GL 435,1–2 (Herr, ich bin dein Eigentum)

Einführung Unseren eigenen Tod müssen wir sterben. Mit dem Tod der anderen müssen wir leben. Deshalb beten wir im Angesicht von Sterben und Tod. Doch mit dem Tod sind der Schmerz und das Leiden nicht vorbei. Erst jetzt überkommt viele Menschen die tiefe Trauer angesichts des Verlustes, den sie erlitten haben. Jesus hat die Trauernden selig gepriesen – sie sind empfänglich für den Trost, den wir ihnen schenken, für den Trost, der auch aus der Zusage Jesu kommt, dass unseren Verstorbenen ein Leben bei Gott geschenkt wird.
Jesus, der selbst die tiefe Trauer um Verstorbene kennt, der unseren Tod gestorben ist, bitten wir in diesem Rosenkranzgebet für alle unsere Toten, dass sie einst mit ihm auferstehen zum ewigen Leben. Und wir bitten ihn für alle, die in tiefer Trauer gefangen sind.

Lied GL 435,3–4

ROSENKRANZGEBET

1. Jesus, der unseren Tod starb

Schrifttext Es war um die sechste Stunde, als eine Finsternis über das ganze Land hereinbrach. Sie dauerte bis zur neunten Stunde. Die Sonne verdunkelte sich. Der Vorhang des Tempels riss mitten entzwei, und Jesus rief laut: Vater, in deine Hände lege ich meinen Geist. Nach diesen Worten hauchte er den Geist aus. (Lk 23,44–46)

Impuls Jesus blieb nichts erspart. Nach dem qualvollen Weg seiner Passion musste er sein Leben wie ein Verbrecher am Kreuz unter grausamen Qualen an Leib und Seele beenden. Allein musste er die Menschheit vor Gott vertreten, für die er sein Leiden auf sich genommen hatte. Nachdem er wusste, dass er seinen Auftrag erfüllt hatte, legte er seinen Geist, sein Leben, zurück in die Hände seines Vaters.

Ist es nicht auch so in unserer letzten Stunde? Viele sind allein, ja abgeschoben in ein Sterbezimmer, manche erleiden ihre letzte Stunde unter furchtbaren Umständen durch Gewalt oder Katastrophen. Unsere letzte Stunde kennen wir noch nicht. Bitten wir den Herrn, dass auch wir dem Vater das tiefste Vertrauen aussprechen können – was auch immer vorher geschehen ist. Und beten wir für die Menschen, die Angst, Krankheit und Schmerzen nur schwer annehmen können und darum gegen ihr Schicksal aufbegehren. Der Herr nehme sie an die Hand und erfülle sie mit Vertrauen und Frieden.

Gesätz

Lied GL 422,1 (Ich steh vor dir mit leeren Händen)

2. Jesus, der mit den Trauernden weint

Schrifttext Als Maria dorthin kam, wo Jesus war, und ihn sah, fiel sie ihm zu Füßen und sagte zu ihm: Herr, wärst du hier gewesen, dann wäre mein Bruder nicht gestorben. Als Jesus sah, wie sie weinte und wie auch die Juden weinten, die mit ihr gekommen waren, war er im Innersten erregt und erschüttert. Er sagte: Wo habt ihr ihn bestattet? Sie antworteten ihm: Herr, komm und sieh! Da weinte Jesus. Die Juden sagten: Seht, wie lieb er ihn hatte! (Joh 11,32–36)

Impuls Jesus geht nicht unbeteiligt am Leid der Menschen vorüber. Er ist ganz Mensch, der freundschaftlich liebt und als Freund geliebt wird. Wir haben einen Gott, der sich ganz auf die Menschen einlässt, der weint, wenn sie weinen, der sich mit ihnen freut, wenn sie sich freuen, wie auf der Hochzeit zu Kana. Er weiß um die tiefe Verzweiflung, die Trauernde ergreift, und er teilt ihre Trauer.
Beten wir für all die Menschen, die niemanden haben, der mit ihnen weint, denen Jesus Christus fremd und weit weg ist. Bitten wir den Herrn, dass er die Herzen dieser Menschen öffne und ihnen die Gnade des Glaubens und der Zuversicht schenke.

Gesätz

Lied GL 422,2

3. Jesus, der die Trauernden getröstet hat

Schrifttext Jesus ging in eine Stadt namens Naïn; seine Jünger und eine große Menschenmenge folgten ihm. Als er in die Nähe des Stadttores kam, trug man gerade einen Toten heraus. Er war der einzige Sohn seiner Mutter, einer Witwe. Und viele Leute aus der Stadt begleiteten sie. Als der Herr die Frau sah, hatte er Mitleid mit ihr und sagte zu ihr: Weine nicht! Dann ging er zu der Bahre hin und fasste sie an. Die Träger blieben stehen und er sagte: Ich befehle dir, junger

Mann: Steh auf! Da richtete sich der Tote auf und begann zu sprechen, und Jesus gab ihn seiner Mutter zurück. (Lk 7,11–15)

Impuls „Als der Herr die Frau sah, hatte er Mitleid mit ihr." Wie nah war Jesus bei den Menschen! Er wusste um das Schicksal dieser Mutter. Der Tod des einzigen Sohnes war für sie eine Katastrophe. Er war ihr einziger Halt, ihre Stütze für die Zukunft. Als alleinstehende Witwe hätte sie einen schweren Stand gehabt in einer Gesellschaft, in der der Frau eine untergeordnete Stellung zukam. Ist es nicht auch heute so, dass die Trauernden sich nichts sehnlicher wünschen, als dass der Verstorbene zurückkommt? Dass alles wieder so sein kann, wie es war? Das kann leider nicht sein. Doch sie brauchen unser Mitgefühl, unseren Trost, dann wird manches für sie leichter.

Beten wir für alle Trauernden, die der Tod eines nahestehenden geliebten Menschen in große Not gebracht hat. Bitten wir den Herrn, dass er sie vor Verzweiflung und Resignation bewahren möge und ihnen Wege eröffne hin zu neuem Lebenssinn und einer neuen Zukunft.

Gesätz

Lied GL 422,3

4. Jesus, der die Trauernden selig preist

Schrifttext Als Jesus die vielen Menschen sah, stieg er auf einen Berg. Er setzte sich und seine Jünger traten zu ihm. Dann begann er zu reden und lehrte sie. Er sagte: Selig, die arm sind vor Gott; denn ihnen gehört das Himmelreich. Selig die Trauernden, denn sie werden getröstet werden. (Mt 5,1–4)

Impuls Bevor Jesus zu den Menschen sprach, nahm er seine Jünger zu sich. Er warnte sie vor den Versuchungen, denen sie als seine Boten und Vertraute ausgesetzt

sein würden. Nicht Anerkennung und Erfolg werden ihren Weg markieren, vielmehr erwarten sie Hunger, Entbehrungen und Verfolgung. Doch gleichzeitig versichert er ihnen, dass ihnen das Himmelreich gehören wird und sie, wenn auch nicht in dieser Welt, für immer getröstet werden.
Jesus verspricht den Jüngern Werte, die bleiben, die ganz im Widerspruch stehen zu unserem schnellen oberflächlichen Glück, das wir vielfach um jeden Preis in unserer Welt suchen. Trauernde haben die Erfahrung machen müssen, wie vergänglich das Glück sein kann. Sie erfahren häufig nach dem Tod eines geliebten Menschen die wirklichen Werte des Lebens, in denen sie neuen Halt finden.
Wir beten für alle Trauernden, die um einen geliebten Menschen weinen und in ihrer Trauer keine Hilfe und keinen Trost finden. Wir bitten den Herrn, dass er ihnen Trost und Halt durch seine liebende Nähe sei.

Gesätz

Lied GL 427,1 (Herr, deine Güt ist unbegrenzt)

5. Jesus, der auch unseren Tod überwunden hat

Schrifttext Jesus offenbarte sich den Jüngern noch einmal. Es war am See von Tiberias und er offenbarte sich in folgender Weise. Mehrere Jünger waren zusammen. Simon Petrus sagte zu ihnen: Ich gehe fischen. Sie sagten zu ihm: Wir kommen auch mit. Sie gingen hinaus und stiegen in das Boot. Aber in dieser Nacht fingen sie nichts. Als es schon Morgen wurde, stand Jesus am Ufer. (vgl. Joh 21,1.3–4a)

Impuls Diese kurzen Sätze könnten unseren Lebensweg nachzeichnen: Wenn wir mutlos und müde geworden sind, wenn uns die Kraft für Neues fehlt, dann möchten wir lieber bei unserem Gewohnten bleiben oder wieder zu ihm zurückkehren. So erging es wohl auch den Jüngern. Doch ihre Rückkehr zum Altbekannten und Gewohnten brachte keinen Gewinn. Nach dem Dunkel der Nacht, nach der Vergeblichkeit ihres Mühens, stand Jesus am Ufer.

Wenn wir am Ende unseres Weges aus den vielfachen Anstrengungen unseres Lebens erschöpft zum Ufer zurückkehren, dann können wir uns doch nichts Schöneres wünschen, als dass Jesus auch für uns am Ufer steht und uns erwartet.

Beten wir für die Kranken und für alle, die voll Angst ihrem Lebensende entgegensehen. Mögen sie darauf vertrauen, dass der auferstandene Herr auch für sie am Ufer steht und sie erwartet.

Gesätz

Lied GL 427,2

ABSCHLUSS

Wechselgebet GL 680,8 (*ab:* „In christlicher Zuversicht rufen wir ..." *und Schlussgebet*)

Segensbitte Es segne uns Gott, der Vater unseres Lebens,
es segne uns Christus, der den Tod überwunden hat,
es segne uns der Heilige Geist, der uns den Weg zum Leben führt.
So segne uns der dreieinige Gott: der Vater, der Sohn und der Heilige Geist.

Lied GL 521,1.4–5 (Maria, dich lieben)

20
JESUS, DER FRIEDE GOTTES

UM FRIEDEN

1. Jesus, der selig preist, die keine Gewalt anwenden
2. Jesus, der sich nicht wehrte, als man ihn schlug
3. Jesus, der gekommen ist, uns zu versöhnen
4. Jesus der uns seinen Frieden gibt
5. Jesus, der will, dass wir unsere Feinde lieben

ERÖFFNUNG

Lied GL 471,1–2 (O ewger Gott, wir bitten dich)

Einführung Unfrieden, Hass und Feindschaften, Machtansprüche und Gewalt bringen unsägliches Leid über zahllose Menschen. So lange die Menschheit existiert, gibt es Zank und Unfrieden. Das Alte Testament ist voll von diesen Schilderungen. Wir fragen uns, warum es nicht möglich ist, dass wir Menschen dauerhaft in Frieden und Eintracht miteinander leben können. Es ist wohl die Folge der Ursünde, in der schon der erste Mensch Machtansprüche hatte, indem er sein wollte wie Gott. Jesus versucht diese Wirklichkeit aufzubrechen, zu unterbrechen mit den Worten: Selig, die keine Gewalt anwenden, die ernsthaft darum bemüht sind, in Frieden und Gewaltlosigkeit mit den anderen Menschen zu leben. In seinem Sinn wollen wir diesen Rosenkranz beten.

Lied GL 471,4

ROSENKRANZGEBET

1. Jesus, der selig preist, die keine Gewalt anwenden

Schrifttext Selig, die keine Gewalt anwenden; denn sie werden das Land erben. (Mt 5,5)

Impuls Gewalt herrscht zwischen Völkern und Staaten, Religionsgemeinschaften und ethnischen Gruppen, in diktatorischen Regimen und Gefängnissen, in Familien und Gruppen, zwischen Freunden und Fremden. Gewalt hat viele Namen und Gesichter, ob in der Öffentlichkeit oder im Verborgenen. Gewalt und Gewaltherrschaft sind laut und lärmend, erzeugen Rachsucht und Hass.

Das Gute, das Liebevolle, das Versöhnliche, die Anerkennung der Würde und Freiheit des Anderen sind hingegen leise, zumeist unter Ausschluss der Öffentlichkeit. Wer diese Werte in seinem Leben anstrebt, der gewinnt schon jetzt „Land", indem er durch sein Beispiel andere anspornt, es ihm gleichzutun und so das Gute weiter wachsen zu lassen.

Beten wir für alle Menschen, die der Gewalt und Feindschaft ausgesetzt sind. Bitten wir vor allem für unsere Kinder und Jugendlichen, die in solcher Umgebung aufwachsen, dass der Herr die Wunden ihrer verletzten Seelen wieder heilen möge und sie Wege des guten Miteinanders und der Liebe gehen lässt.

Gesätz

Lied Selig sind, die arm im Geiste, 3. Strophe (s. S. 165)

2. Jesus, der sich nicht wehrte, als man ihn schlug

Schrifttext Die Soldaten zogen Jesus aus und legten ihm einen purpurroten Mantel um. Dann flochten sie einen Kranz aus Dornen, den setzten sie ihm auf und gaben ihm einen Stock in die Hand. Sie fielen vor ihm auf die Knie und verhöhnten ihn, indem sie riefen: Heil dir, König der Juden! Und sie spuckten ihn an, nahmen ihm den Stock wieder weg und schlugen ihm damit auf den Kopf. Nachdem sie so ihren Spott mit ihm getrieben hatten, nahmen sie ihm den Mantel ab und zogen ihm seine eigenen Kleider wieder an. (Mt 27,28–30)

Impuls Die Soldaten scheinen sich regelrecht auszutoben in ihrem unbändigen Spott, den sie an Jesus in grausamster Niedertracht auslassen. Wie tief muss ein Mensch fallen, bis er sich zu solcher Tat und solchem Verhalten hinreißen lässt? Doch Jesus wehrte sich nicht – er schwieg und hielt aus. Dies auszuhalten war ihm wohl nur möglich, indem er seinen Blick nicht von seinem Vater ließ und sich nach der Erfüllung seines Willens hin ausstreckte.

Wir wollen beten für die Menschen, die Hass und Gewalt ausgesetzt sind, die verspottet und verhöhnt, verfolgt und ermordet werden aufgrund ihrer Religion oder Abstammung. Bitten wir den Herrn, dass er ihnen die nötige Kraft gebe, nicht mit Rache und Vergeltung zu antworten, damit der Spirale der Gewalt ein Ende gesetzt werde.

Gesätz

Lied Selig sind, die arm im Geiste, 8. Strophe

3. Jesus, der gekommen ist, uns zu versöhnen

Schrifttext Wenn ihr beten wollt und ihr habt einem anderen etwas vorzuwerfen, dann vergebt ihm, damit auch euer Vater im Himmel euch eure Verfehlungen vergibt. (Mk 11,25)

Impuls Wie kann ich aufrichtig beten, wenn ich Groll und Hader im Herzen trage oder meinem Nächsten in feindseliger Gesinnung gegenüberstehe? Solche Haltung kann mich ganz in Besitz nehmen und meine Gedanken und Worte beeinflussen. Von diesen Gedanken, von meinen verletzten Gefühlen muss ich zuerst durch eine aufrichtige Vergebung frei werden.

Erst dann kann ich auch frei werden für ein aufrichtiges Gebet zu Gott. Wenn dann sogar von dem Anderen, der mich verletzt hat, ein Wort, eine Geste der Versöhnung kommt, kann dies einer inneren Heilung gleichkommen.
Beten wir für all jene, die mit anderen in tiefem Unfrieden und in Zerwürfnissen leben und den Weg der Wiedergutmachung und Vergebung nicht schaffen, ohne die es einen Neuanfang nicht geben kann. Bitten wir den Herrn, dass er ihnen hilft, Wege der gegenseitigen Annahme und des Wohlwollens zu gehen.

Gesätz

Lied Selig sind, die arm im Geiste, 4. Strophe

4. Jesus, der uns seinen Frieden gibt

Schrifttext Frieden hinterlasse ich euch, meinen Frieden gebe ich euch; nicht einen Frieden, wie die Welt ihn gibt, gebe ich euch. (Joh 14,27)

Impuls Jesu Friede ist nicht ein Friede, wie die Welt ihn gibt und versteht. Jesu Friede gründet in seiner Liebe zu den Menschen, für die er alles gegeben hat. Einen anderen Frieden kann es auch für uns nicht geben. Ein wahrhaftiger Friede lebt aus der Verbindung mit Jesus Christus. Er zeichnet sich aus in einem Versöhntsein mit sich selbst, mit den Menschen und mit Jesus Christus und findet seinen Ausdruck in selbstloser Hingabe und Barmherzigkeit.
Wir beten für all jene, die sich nach einem versöhnten Leben, nach Frieden und Liebe sehnen. Wir denken vor allem an die Leidenden der Kriege und Gewalttaten in der ganzen Welt. Der Herr führe die Menschheit zu einem Frieden, der in ihm seinen Ursprung hat und an seiner Liebe Maß nimmt.

Gesätz

Lied Selig sind, die arm im Geiste, 7. Strophe

5. Jesus, der will, dass wir unsere Feinde lieben.

Schrifttext Euch, die ihr mir zuhört, sage ich: Liebt eure Feinde, tut denen Gutes, die euch hassen. Segnet die, die euch verfluchen; betet für die, die euch misshandeln. Dem, der dich auf die eine Wange schlägt, halte auch die andere hin, und dem, der dir den Mantel wegnimmt, lass auch das Hemd. Gib jedem, der dich bittet; wenn dir jemand etwas wegnimmt, verlang es nicht zurück. Was ihr von anderen erwartet, das tut ebenso auch ihnen. (Lk 6,27–31)

Impuls Die fatale Entwicklung unserer Tage zielt zunehmend darauf hin ab, dass Einzelne oder Gruppen sich auf Kosten ihrer Mitmenschen aus Nah und Fern bereichern, Macht ausüben, ihr Denken und ihre Vorstellungen als absolutes und verbindliches Maß sehen. Die Spirale von Gewalt und Gegengewalt, von Rache und Vergeltung bekommen dann meist die Unschuldigen und Unbeteiligten aufs Bitterste zu spüren.
Wer kann diese Spirale stoppen? Wer kann die Verantwortlichen für das namenlose Leid so vieler Menschen zum Umdenken bewegen und zur Einsicht führen? Möchten nicht auch wir, die wir treu zu Gott stehen, in solcher Situation hinausschreien: „Wo bleibt Gott?" – „Liebt eure Feinde, segnet die, die euch verfluchen; betet für die, die euch misshandeln." Nur die Liebe wird einst alles überdauern.
Beten wir um den Frieden in der Welt, im Kleinen wie im Großen. Bitten wir den Herrn, dass er die Betroffenen vor Verzweiflung und Rache bewahre, den Leidenden Kraft und Mut, Hoffnung und Vertrauen in seine Hilfe gewähren möge.

Gesätz

Lied Selig sind, die arm im Geiste, 6. Strophe

ABSCHLUSS

Gebet Unser Herr Jesus Christus hat gesagt: „Selig, die den Frieden stiften, denn sie werden Kinder Gottes genannt werden." Darum bitten wir: Gott, unser Vater. Bewahre uns vor allem Unfrieden – vor Gedanken nach Vergeltung, vor allem Bösen, das wir anderen Menschen und damit auch ihm, Christus, unserem Bruder, antun. Schenke uns Frieden – unter den Völkern, den Kulturen und Religionen, den Familien und auch in uns. Das gewähre uns durch Christus, unseren Herrn.

Segensbitte Gott hat uns in seinem Sohn Jesus Christus Anteil an seinem göttlichen Frieden geschenkt, den die Welt nicht geben kann. Er lenke unsere Füße auf den Weg dieses Friedens und gewähre uns sein Heil.
So segne, behüte und begleite uns der dreieinige Gott: der Vater, der Sohn und der Heilige Geist.

Lied GL 451,1.3 (Komm, Herr, segne uns)

„JESUS CHRISTUS, GUTER HIRTE, HOHERPRIESTER, OSTERLAMM"

ROSENKRANZANDACHTEN
ZU BESONDEREN MOTIVEN

21
DU BUNDESLADE GOTTES

AUS DER LAURETANISCHEN LITANEI

1. Jesus, der Gottes Kraft und Gottes Weisheit ist *oder*
   Jesus, Gottes Weisheit, der in dir Wohnung nahm
2. Jesus, durch das Wirken des Geistes wunderbar in dir gebildet
3. Jesus, dem du durch dein Ja zur Pforte in diese Welt wurdest
4. Jesus, der uns dich als Begleiterin gab
5. Jesus, der dich uns zur Mutter gab *oder*
   Jesus, der die Tür zum Leben ist

ERÖFFNUNG

Lied GL 521,1.3. (Maria, dich lieben)

Einführung Seit Jahrhunderten wird Maria in der „Lauretanischen Litanei" unter verschiedenen Titeln angerufen. Diese Litanei hat ihren Namen vom Marienwallfahrtsort Loreto.
Echte Marienverehrung kann niemals losgelöst von Christus geschehen: „... mach allen, die suchen, den Sohn offenbar", heißt es daher auch im Lied (GL 521,5). Maria verweist immer auf ihren Sohn; was sie ist, ist sie um seinetwillen. So wollen wir Maria unter verschiedenen Titeln und Bildern betrachten, wie sie in der Lauretanischen Litanei genannt werden, und durch sie Jesus Christus ehren.

Wechselgebet GL 566,1-5 (Lauretanische Litanei, Teil 1)

ROSENKRANZGEBET

1. Du Sitz der Weisheit

Schriftwort	Das Kind wuchs heran und wurde kräftig; Gott erfüllte es mit Weisheit und seine Gnade ruhte auf ihm. (Lk 2,40)
oder	Von ihm her seid ihr in Christus Jesus, den Gott für uns zur Weisheit gemacht hat, zur Gerechtigkeit, Heiligung und Erlösung. (1 Kor 1,30)
oder	In ihm sind alle Schätze der Weisheit und Erkenntnis verborgen. (Kol 2,3)
Impuls	Jesus Christus selber ist „Gottes Kraft und Gottes Weisheit" (1 Kor 1,24), in die Welt gesandt, um die Weisheit der Welt zu entmachten und die Menschheit zu retten – durch die Torheit des Kreuzes. In der ostkirchlichen Liturgie trägt daher der Priester am Fest Kreuzerhöhung das Kreuz dreimal durch die Kirche und segnet dann die Gläubigen. Vorher ruft er: „Weisheit! Steht aufrecht!" Maria ist die erste Wohnstätte der menschgewordenen Weisheit Gottes, Christus. Von Ewigkeit her wohnt er im Vater, zu Beginn seines Erdenlebens aber nimmt er Wohnung in Maria, die so zum „Sitz der Weisheit" wird. Und Maria folgt ihrem Sohn nach bis unter das Kreuz und ist in alle Ewigkeit aufs engste mit ihm verbunden. – Maria, du Sitz der Weisheit, erbitte uns die Gnade, deinem Sohn Raum in uns zu geben.
Gesätz o*der*	Jesus, der Gottes Kraft und Gottes Weisheit ist Jesus, Gottes Weisheit, der in dir Wohnung nahm
Lied	GL 222,2 (Herr, send herab – *ohne Kehrvers*)

2. Du Kelch des Geistes

Schriftwort Maria sagte zu dem Engel: Wie soll das geschehen, da ich keinen Mann erkenne? Der Engel antwortete ihr: Der Heilige Geist wird über dich kommen, und die Kraft des Höchsten wird dich überschatten. Deshalb wird auch das Kind heilig und Sohn Gottes genannt werden. (Lk 2,34–35)

oder Als sie in die Stadt kamen, gingen sie in das Obergemach hinauf, wo sie nun ständig blieben: Petrus und Johannes, Jakobus und Andreas, Philippus und Thomas, Bartholomäus und Matthäus, Jakobus, der Sohn des Alphäus, und Simon, der Zelot, sowie Judas, der Sohn des Jakobus. Sie alle verharrten dort einmütig im Gebet, zusammen mit den Frauen und mit Maria, der Mutter Jesu, und mit seinen Brüdern. (Apg 1,13–14)

Impuls Maria ist die Frau „voll der Gnade" und „voll des Heiligen Geistes". Sein Wirken hat das Leben des menschgewordenen Sohnes Gottes in ihr erstehen lassen. Erfüllt vom Heiligen Geist hat Maria das Magnificat angestimmt. Und sie hat auch Beistand geleistet, als die Urgemeinde versammelt war, um die Herabkunft des Beistands von oben zu erbitten. Dieses Wirken Marias aber dauert fort bis zum heutigen Tag. –
Maria, du Kelch des Geistes, erbitte der Kirche und allen ihren Gliedern, dass es ihr nie an Geist mangle und dass die Gläubigen den Eingebungen des Heiligen Geistes folgen.

Gesätz Jesus, durch das Wirken des Geistes wunderbar in dir gebildet

Lied GL 348,3 (Nun bitten wir den Heiligen Geist)

3. Du Kelch der Hingabe

Schriftwort Da sagte der Engel zu ihr: Fürchte dich nicht, Maria; denn du hast bei Gott Gnade gefunden. Du wirst ein Kind empfangen, einen Sohn wirst du gebären: dem sollst du den Namen Jesus geben. Maria sagte zu dem Engel: Wie soll das geschehen, da ich keinen Mann erkenne? Der Engel antwortete ihr: Der Heilige Geist wird über dich kommen, und die Kraft des Höchsten wird dich überschatten. Denn für Gott ist nichts unmöglich. Da sagte Maria: Ich bin die Magd des Herrn; mir geschehe, wie du es gesagt hast. Danach verließ sie der Engel. (Lk 1,30-31.34-38)

Impuls Nachdem sie vom Engel Gabriel Antwort auf ihre Frage erhalten hat, gibt Maria in Freiheit ihre Zustimmung zum Plan Gottes, dass durch sie der Erlöser in die Welt eintreten soll. Zwar schweren Herzens, aber in Freiheit wird sie dann ihren Sohn gehen lassen – bis ans Kreuz. Dieselbe Freiheit wird sie später, im Jahr 1858, auch der kleinen Bernadette Soubirous lassen, als sie die Bitte äußert, ob diese 14 Tage hindurch zur Grotte kommen würde. Gott will kein erzwungenes Ja – bei Maria und bei keinem anderen Menschen. –
Maria, du kostbarer Kelch der Hingabe, erbitte allen, die Gott in die Nachfolge seines Sohnes und in seinen Dienst ruft, die Gnade, ihr Ja aus freiem Herzen zu sprechen.

Gesätz Jesus, dem du durch dein Ja zur Pforte in diese Welt wurdest

Lied GL 543,2-3 (Wohl denen, die da wandeln)

4. Du Bundeslade Gottes

Schriftlesung Macht eine Lade aus Akazienholz, zweieinhalb Ellen lang, anderthalb Ellen breit und anderthalb Ellen hoch! Dort werde ich mich dir zu erkennen geben und dir über der Deckplatte zwischen den beiden Kerubim, die auf der Lade der Bundesurkunde sind, alles sagen, was ich dir für die Israeliten auftragen werde. (Ex 25,10.22)

Impuls Jesus selber ist das Wort Gottes, das aus dem Herzen des Vaters kam, Fleisch wurde und uns von Gott Kunde gebracht hat.
Aber auch Maria ist durch ihre einzigartige Erwählung in besonderer Weise Zeichen des neuen und ewigen Bundes, den Gott in Christus mit uns geschlossen hat. Sie selber erfüllt den Willen Gottes vollkommen und sagt auch uns: „Was er euch sagt, das tut!" (Joh 2,5) –
Maria, du Bundeslade Gottes, hilf uns erkennen und annehmen, was Gott uns sagen möchte.

Gesätz Jesus, der uns dich als Begleiterin gab

Lied GL 521,5 (Maria, dich lieben)

5. Du Pforte des Himmels

Schriftwort Da sagte der Herr zu mir: Dieses Tor soll geschlossen bleiben, es soll nie geöffnet werden, niemand darf hindurchgehen; denn der Herr, der Gott Israels, ist durch dieses Tor eingezogen; deshalb bleibt es geschlossen. (Ez 44,2)

Impuls Maria ist in besonderer Weise Gottes Eigentum: Durch sie kam Gottes Sohn in die Welt, sie ist neben Christus bisher der einzige Mensch, der mit Leib und Seele in die Herrlichkeit des Himmels erhoben wurde – durch ihren Sohn, der von sich selber sagte: „Ich bin die Tür; wer durch mich hineingeht, wird gerettet werden" (Joh 10,9). Auch wir gehen durch Christus ins ewige Leben ein, Maria aber nimmt uns bei der Hand und geht mit uns durch die Tür ins Leben. – Maria, sei uns treue Wegbegleiterin: jetzt und in der Stunde unseres Todes!

Gesätz Jesus, der dich uns zur Mutter gab
oder Jesus, der die Tür zum Leben ist

Lied GL 251,4 (Jauchzet, ihr Himmel)

ABSCHLUSS

Wechselgebet GL 566,6–7 (Lauretanische Litanei, Teil 2)

Lied GL 521,6

22
JESUS IST GOTTES HERZ

ZUM HEILIGSTEN HERZEN JESU

1. Jesus, der am Herzen des Vaters ruht
2. Jesus, dessen Herz für die schlug, die am Rande stehen
3. Jesus, dessen Herz am Kreuz geöffnet wurde
4. Jesus, aus dessen Innerem Ströme lebendigen Wassers fließen
5. Jesus, an dessen Herz wir Ruhe finden

ERÖFFNUNG

Lied GL 369,1 (O Herz des Königs aller Welt)

Einführung Herz Jesu und Herz Mariens: Zwei Herzen, die ganz und gar für Gott und für die Menschen schlugen. Jesus, der um der Menschen willen sein Herz am Kreuz durchbohren ließ; Maria, die Gottes Handeln mit ihrem Sohn in ihrem Herzen bewahrte.
Wir wollen jetzt im Rosenkranzgebet Gottes Herz, das in Christus für uns schlug, meditieren und wie Maria bedenken.

ROSENKRANZGEBET

1. Jesus, der am Herzen des Vaters ruht

Schrifttext Im Anfang war das Wort und das Wort war bei Gott und das Wort war Gott. Und das Wort ist Fleisch geworden und hat unter uns gewohnt und wir haben seine Herrlichkeit gesehen, die Herrlichkeit des einzigen Sohnes vom Vater, voll Gnade und Wahrheit. Niemand hat Gott je gesehen. Der Einzige, der Gott ist und am Herzen des Vaters ruht, er hat Kunde gebracht. (Joh 1,1.14.18)

Impuls Wenn mir jemand am Herzen liegt, dann habe ich eine innige Beziehung zu ihm. In der Kunst gibt es das Bild, wie Johannes im Abendmahlssaal am Herzen Jesu liegt. Der Lieblingsjünger, wie er genannt wurde, der ein so großartiges Zeugnis für Jesus in seinem Evangelium ablegte. Die Beziehung von Gott Vater und Sohn ist noch enger, denn Jesus kommt aus dem Herzen Gottes. So kann er uns noch authentischer zeigen, wie Gott ist, wie Gott zu uns ist. Wer mich sieht, sieht den Vater, sagt er.
Beten wir diesen Rosenkranz für alle, die Gott suchen.

Gesätz

Lied GL 357,5 (Wie schön leuchtet der Morgenstern)

2. Jesus, dessen Herz für die schlug, die am Rande stehen

Schrifttext Jesus zog durch alle Städte und Dörfer, lehrte in ihren Synagogen, verkündete das Evangelium vom Reich und heilte alle Krankheiten und Leiden. Als er die vielen Menschen sah, hatte er Mitleid mit ihnen; denn sie waren müde und erschöpft wie Schafe, die keinen Hirten haben. (Mt 9,35 f)

Impuls Jesus hat niemanden ausgeschlossen. Auch den reichen Jüngling, der zu ihm kam, blickte er an und hatte ihn lieb. Aber am Herzen lagen ihm die Armen, die Ausgegrenzten, die Kranken. Um ihretwillen und zu ihnen wusste er sich von Gott gesandt.
Sie sind auch uns anvertraut. Beten wir diesen Rosenkranz für sie – und auch für uns mit der Bitte, dass wir es nicht sind, die ausgrenzen.

Gesätz

Lied GL 479,1–2 (Eine große Stadt ersteht)

3. Jesus, dessen Herz am Kreuz geöffnet wurde

Schrifttext Weil Rüsttag war und die Körper während des Sabbats nicht am Kreuz bleiben sollten, baten die Juden Pilatus, man möge den Gekreuzigten die Beine zerschlagen und ihre Leichen dann abnehmen; denn dieser Sabbat war ein großer Feiertag. Also kamen die Soldaten und zerschlugen dem ersten die Beine, dann dem andern, der mit ihm gekreuzigt worden war. Als sie aber zu Jesus kamen und sahen, dass er schon tot war, zerschlugen sie ihm die Beine nicht, sondern einer der Soldaten stieß mit der Lanze in seine Seite, und sogleich floss Blut und Wasser heraus. (Joh 19,31–37)

Impuls Das geöffnete Herz Jesu stellt jenseits aller historischen Vorgehensweisen bei einer Kreuzigung ein großes Symbol dar. In der Frömmigkeitsgeschichte wurden das aus der Herzwunde austretende Blut und Wasser auf die Sakramente gedeutet. Das heißt nichts anderes, als dass in den Sakramenten die Zuwendung Christi zu die Menschen weitergeht.

Beten wir darum, dass alle, die an der Spendung der Sakramente beteiligt sind, mit der Liebe Jesu den ihnen anvertrauten Menschen begegnen.

Gesätz

Lied GL 357,4 (Wie schön leuchtet der Morgenstern)

4. Jesus, aus dessen Innerem Ströme lebendigen Wassers fließen

Schrifttext Am letzten Tag des Festes, dem großen Tag, stellte sich Jesus hin und rief: Wer Durst hat, komme zu mir, und es trinke, wer an mich glaubt. Wie die Schrift sagt: Aus seinem Inneren werden Ströme von lebendigem Wasser fließen. Damit meinte er den Geist, den alle empfangen sollten, die an ihn glauben.
(Joh 7,37–39a)

Impuls Der heilige Isidor von Sevilla sagte zu dieser Stelle: „‚Ströme lebendigen Wassers werden hervortreten aus seinem Inneren'; das ist das Wasser der Taufe, das die Glaubenden belebt und die Dürstenden tränkt." – Der Heilige Geist, der bei der Taufspendung im Gebet angerufen wird und das Wasser zum Taufwasser bereitet, wird in der Taufe auch uns geschenkt. Es ist der Geist, der auf Christus ruhte, damit wir zu gesalbten Menschen werden wie er, die sich der Menschen annehmen, die seines und unseres Erbarmens bedürfen. Beten wir diesen Rosenkranz mit der Bitte, dass wir dieser Taufgabe und -aufgabe würdig werden.

Gesätz

Lied GL 349,1.3–4 (Komm, o Tröster, Heilger Geist)

5. Jesus, an dessen Herz wir Ruhe finden

Schrifttext Kommt alle zu mir, die ihr euch plagt und schwere Lasten zu tragen habt. Ich werde euch Ruhe verschaffen. Nehmt mein Joch auf euch und lernt von mir; denn ich bin gütig und von Herzen demütig; so werdet ihr Ruhe finden für eure Seele. Denn mein Joch drückt nicht und meine Last ist leicht. (Mt 11,28–30)

Impuls Ruhe zu finden ist heute eine Sehnsucht vieler Menschen. Nicht nur äußerlich sind sie getrieben, auch innerlich suchen sie nach einem Halt. Sich auf Jesus einlassen, sein Wort meditieren, sich an seine Botschaft halten, kann tatsächlich Halt geben und Ruhe. In der Ostkirche gibt es das „Herzensgebet": „Herr Jesus, Sohn Gottes, erbarme dich meiner." Es soll aus dem Herzen kommen und an sein Herz führen. Beten wir diesen Rosenkranz für alle Ruhelosen und auch für uns, dass wir in Jesus einen Halt haben.

Gesätz

Lied GL 421,1.3 (Mein Hirt ist Gott der Herr)

ABSCHLUSS

Fürbitten Zu unserem Herrn Jesus Christus, dessen Herz für uns offen steht, rufen wir in den Anliegen unserer Gemeinschaft, unserer Welt und unserer Kirche.
- Für die Menschen, die keinen Raum finden, wo sie richtig zur Ruhe kommen können. – *Stille*

Christus, höre uns.
- Für die Menschen, deren Leben von Gewalt, Terror und Krieg gezeichnet ist. – *Stille*
- Für die Patienten im Krankenhaus, für die Hauskranken und alle, von denen wir wissen, dass sie leiden. – *Stille*
- Für die Vielen, die einen Traum vom Leben haben und nach einem Sinn in ihrem Leben suchen. – *Stille*
- Für die Menschen, die uns am Herzen liegen – *Stille*
- Für uns und einander, die wir aus unserem Alltag mit Sorgen und Freuden zu dir kommen. – *Stille*
- Für unsere Verstorbenen, die an Gott geglaubt und auf ewiges Leben bei ihm gehofft haben. – *Stille*

Dein Herz, Herr Jesus, ist offen für uns. Darum kommen wir zu dir und deiner Liebe. Wir danken dir und preisen dich, jetzt und in alle Ewigkeit.

Gebet Guter Gott, in deinem Sohn Jesus Christus hast du deine Liebe zu uns Menschen geoffenbart. Lass uns, so bitten wir dich, in seiner Herzlichkeit miteinander leben, in seiner Barmherzigkeit miteinander umgehen, in seiner Herzenstiefe dich lieben. Darum bitten wir durch ihn, Christus, unseren Bruder und Herrn.

Lied GL 369,2

23
WACHSE IN MIR

ZUR EUCHARISTISCHEN ANBETUNG

1. Jesus, der bei uns einkehren will
2. Jesus, der mit dem Vater bei uns wohnen will
3. Jesus, der uns zu seinem Tempel macht
4. Jesus, der in uns lebt
5. Jesus, der durch uns wirkt

ERÖFFNUNG

Lied GL 648 (Du große Herrin)

Einführung „Und wäre Jesus tausendmal in Betlehem geboren und nicht in dir, du bliebest dennoch ewiglich verloren." Ein immer wieder zitiertes Wort von Angelus Silesius. Jesus will nicht nur in uns geboren werden, er muss in uns Raum und Wohnung finden, will er durch uns den Menschen nahe kommen. Wann immer wir Maria betrachten, die den Herrn der Welt unter ihrem Herzen getragen hat, blicken wir auch auf uns selbst, die wir Christus-Träger und -Trägerinnen sind.

Psalm Ps 45; GL 43,1.2

Gebet Guter Gott, Jesus Christus, dein Wort, hat Fleisch angenommen aus Maria. Auch wir wollen uns für ihn immer wieder neu öffnen und uns für ihn bereit machen. Mit Maria besingen wir die Verheißung, die du erfüllst – damals, heute und immerdar und in Ewigkeit.

WORTVERKÜNDIGUNG

Schrifttext Lk 1,26–38 (Verkündigung)

Lied GL 650,1 (Gegrüßet seist du, Maria)

Impuls Es ist immer ein Einschnitt im Leben einer Frau, wenn sie erfährt, dass sie ein Kind erwartet. Eine Schwangerschaft ist immer mit Aufregung verbunden, mit Vorfreude, nicht selten aber auch mit Sorgen. Kommt das Kind dann zur Welt, verändert es das Leben der Mutter bzw. der Familie auf Dauer. Die Eltern-Kind-Beziehung endet nicht einmal, wenn das Kind erwachsen ist – auf unterschiedliche Weise ist sie lebenslänglich präsent, dabei wandelt sie sich mit den Jahren.
Die Schwangerschaft Marias ist aber nicht nur ein Beispiel für Millionen andere Mütter. Sie ist auch ein Bild für den Glauben eines jeden Menschen. Maria erfährt durch die Verkündigung des Engels, dass sie Gottes Sohn erwartet. Gott selbst will in ihr wachsen und durch sie zur Welt kommen. „Wie soll dies geschehen?", fragt sie nach und erhält zur Antwort: „Der Geist des Herrn wird über dich kommen."
Genauso spricht Gott jeden Menschen an, den er nach seinem Bild geschaffen hat. Gott möchte jedem Menschen so nahe sein, dass er in dessen Herz Platz findet, eine dauerhafte Beziehung eingehen kann. Darum ist er in Jesus Christus Mensch geworden.
Glaube ist ja nicht nur ein Fürwahrhalten von biblischen Geschichten und kirchlichen Aussagen, Glaube bedeutet, mit Gott in Beziehung zu leben, sich ihm anzuvertrauen im Gebet, nach seinem Willen zu fragen, sich im Leben an Jesus Christus, der Sohn Gottes und Sohn Marias ist, zu orientieren. Glaube heißt also, in immer tieferer Beziehung zu Jesus Christus zu leben – und das ist nicht bei der Geburt oder Taufe fertig mitgegeben, das ist auch nie abgeschlossen. Auch diese Beziehung muss wachsen – wie die zwischen Eltern und Kindern oder zwischen Freunden.

Mit dem Erwachsen- und dem Älterwerden erfährt sie immer wieder Veränderungen, je nach den Lebenserfahrungen und Lebenssituationen des Einzelnen. Maria hat damals Ja gesagt zur Botschaft des Engels; sie hat Gott Raum gegeben, in ihr zu wachsen und zur Welt zu kommen – durch den Heiligen Geist. Maria kann uns Mut machen, dass auch wir Gott Raum geben, ihm vertrauen, dass er in uns und aus uns heraus wirken und so auch immer wieder neu zur Welt kommen kann. Marias Ja kann Mut machen, selbst Ja zu sagen – Ja zu der von Gott angebotenen Beziehung. „Der Geist des Herrn wird über dich kommen" – so lautete die Botschaft des Engels. Der Geist Gottes, das ist die Liebe Gottes. Und immer, wenn Liebe spürbar wird, dann ist er am Werk. Dann kommt Gott zur Welt.

ROSENKRANZGEBET

1. Jesus, der bei uns einkehren will

Schrifttext Zachäus stieg auf einen Maulbeerfeigenbaum, um Jesus zu sehen, der dort vorbeikommen musste. Als Jesus an die Stelle kam, schaute er hinauf und sagte zu ihm: Zachäus, komm schnell herunter! Denn ich muss heute in deinem Haus zu Gast sein. Da stieg er schnell herunter und nahm Jesus freudig bei sich auf.(Lk 19,1–6)

Gesätz

Lied GL 387,8 (Gott ist gegenwärtig)

2. Jesus, der mit dem Vater bei uns wohnen will

Schrifttext Wenn jemand mich liebt, wird er an meinem Wort festhalten; mein Vater wird ihn lieben, und wir werden zu ihm kommen und bei ihm wohnen. (Lk 14,23)

Gesätz

Lied GL 414,1.3–4 (Herr, unser Herr, wie bist du zugegen)

3. Jesus, der uns zu seinem Tempel macht

Schrifttext Ihr seid auf das Fundament der Apostel und Propheten gebaut; der Schlussstein ist Christus Jesus selbst. Durch ihn wird der ganze Bau zusammengehalten und wächst zu einem heiligen Tempel im Herrn. Durch ihn werdet auch ihr im Geist zu einer Wohnung Gottes erbaut. (Eph 2,20-22)

Gesätz

Lied GL 218,4-5 (Macht hoch die Tür)

4. Jesus, der in uns lebt

Schrifttext Ich bin mit Christus gekreuzigt worden. Nicht mehr ich lebe, sondern Christus lebt in mir. (Gal 2,1-2)

Gesätz

Lied GL 491,1.3 (Ich bin getauft und Gott geweiht)

5. Jesus, der durch uns wirkt

Schrifttext Wer euch aufnimmt, der nimmt mich auf; und wer mich aufnimmt, der nimmt den auf, der mich gesandt hat. (Mt 10,40)

Gesätz

Lied GL 489 (Lasst uns loben)

ABSCHLUSS

Fürbitten Maria hat auf das Wirken Gottes vertraut und Christus in die Welt getragen. Mit ihr bitten wir voll Vertrauen:
- Guter Gott, du hast Maria gerufen, um in der Welt zu wirken. – Öffne unsere Herzen für dein Wort und hilf uns, dich in unserer Welt zu erfahren und erfahrbar zu machen.

Wir bitten dich, erhöre uns.
- Maria wurde durch den Engel Gabriel der Beistand des Heiligen Geistes zugesagt. – Steh heute allen bei, die Verantwortung für das Zusammenleben in Kirche und Gesellschaft tragen.
- Maria hat ihr ganzes Leben in deine Hand gelegt. – Sei allen nahe, die sich mit ihren Sorgen und Ängsten und mit den Fragen ihres Lebens dir anvertrauen.
- Die Jünger und Maria haben nach Ostern gemeinsam gewartet und gebetet und ihren Glauben geteilt. – Lass unsere Gemeinden eine wirkliche Glaubensgemeinschaft sein, in der jeder Heimat und Bestärkung findet und Frucht bringen kann.

Guter Gott, auf dich vertrauen wir und dir danken wir für deine Liebe. Dein Sohn hat uns das Gebet geschenkt, mit dem wir dir auf Augenhöhe begegnen und zu dir sprechen dürfen:

Vaterunser Vater unser …

Oration Guter Gott, du hast die Mutter deines Sohnes auch uns zur Mutter gegeben. Wir wenden uns ihr besonders zu und vertrauen auf ihre Fürsprache. Hilf uns, nach ihrem Vorbild Christus in uns aufzunehmen, auf dein Wort zu hören und deinen Willen zu tun. Darum bitten wir durch ihn, Jesus Christus.

Segen Der allmächtige Gott segne uns, er bleibe bei uns auf unserem Weg, bewahre uns vor Unheil und führe uns zum ewigen Leben. Das gewähre uns der dreifaltige Gott: der Vater, der Sohn und der Heilige Geist.

Lied GL 534 (Maria, breit den Mantel aus)

24
DER SCHÖPFUNG HERR

IN DER „SCHÖPFUNGSZEIT"

1. Jesus, auf den hin alles geschaffen ist
2. Jesus, in dessen Taufe alle Wasser geheiligt sind
3. Jesus, der als Weizenkorn in die Erde gesenkt wurde
4. Jesus, der uns in seiner Auferstehung das Leben neu geschenkt hat
5. Jesus, in dem die Schöpfung vollenden wird

ERÖFFNUNG

Lied Gruß dir, Mutter, in Gottes Herrlichkeit (GL-Diözesananhänge *oder* GL 1975, 586,1 und 4. Strophe)

Einführung „Gruß dir, Jungfrau – der Schöpfung Herr und König ward dein Sohn."– Im September und Oktober, der „Schöpfungszeit", grüßen wir die Gottesmutter auch als diejenige, über die sich die ganze Schöpfung freut: Sie hat uns Christus geboren, auf den hin alles geschaffen wurde. Die Schöpfung und ihre Bewahrung ist in unserer Zeit ein drängendes Anliegen geworden. Als Christen glauben wir, dass sie uns von Gott anvertraut wurde, dass sie in seiner Menschwerdung besonders geheiligt ist. In Jesus Christus wird sie dereinst erneuert und vollendet werden.
Wir wollen das Geheimnis der Schöpfung im Rosenkranzgebet meditieren.

ROSENKRANZGEBET

1. Jesus, auf den hin alles geschaffen ist

Schrifttext Er ist das Ebenbild des unsichtbaren Gottes, der Erstgeborene der ganzen Schöpfung. Denn in ihm wurde alles erschaffen im Himmel und auf Erden, das Sichtbare und das Unsichtbare, Throne und Herrschaften, Mächte und Gewalten; alles ist durch ihn und auf ihn hin geschaffen. (Kol 1,15-16)

Impuls Die Schöpfung ist nicht planlos und ziellos, kein ewiges Stirb und Werde, nur der Evolution unterworfen. An ihrem Anfang stand der Wille und das Wort Gottes: Es werde! Dieses Wort Gottes ist sogar Mensch geworden und hat der Schöpfung auch ein Gesicht der Liebe und Gottbezogenheit gegeben. Wer ihn, Jesus Christus, das anfanglose Wort, schaut, schaut auch den Schöpfer selbst und kann erkennen, wozu die Welt geschaffen ist: dass sie reine Schöpfung werde im Geiste Gottes.

Gesätz

Lied GL 375,1-2 (Gelobt seist du, Herr Jesu Christ)

2. Jesus, in dessen Taufe alle Wasser geheiligt sind

Schrifttext Ihr werdet Wasser schöpfen voll Freude aus den Quellen des Heils. An jenem Tag werdet ihr sagen: Dankt dem Herrn! Ruft seinen Namen an! Macht seine Taten unter den Völkern bekannt, verkündet: Sein Name ist groß und erhaben! Preist den Herrn; denn herrliche Taten hat er vollbracht; auf der ganzen Erde soll man es wissen. Jauchzt und jubelt, ihr Bewohner von Zion; denn groß ist in eurer Mitte der Heilige Israels. (Jes 12,3-6)

Impuls Für die ganze Schöpfung ist das Wasser lebenswichtig, es bringt ja das Leben selbst hervor. Gott wird als „Quelle des Lebens" bezeichnet, weil in ihm das Leben ist und seinen Ursprung hat. Wasser ist kostbar, das wissen wir, es ist aber auch heilig, weil es uns auf das Mysterium des Lebens aus Gott verweist. Alljährlich feiern die orthodoxen Christen die Taufe Jesu auch als ein Zeichen, dass durch ihn, dem Allheiligen, alle Wasser geheiligt wurden; und sie erbitten, dass alle, die davon schöpfen, es als Heil des Leibes und Heiligung der Seele gebrauchen mögen.

Gesätz

Lied   GL 427,2 (Herr, deine Güt ist unbegrenzt)
oder   GL 466,1.3 (Herr, dich loben die Geschöpfe)

3. Jesus, der als Weizenkorn in die Erde gesenkt wurde

Schrifttext   Amen, amen, ich sage euch: Wenn das Weizenkorn nicht in die Erde fällt und stirbt, bleibt es allein; wenn es aber stirbt, bringt es reiche Frucht. (Joh 12,24)

Impuls   Jesus, durch den die Welt geschaffen wurde, ist ganz und gar selbst in diese Welt und in unsere menschliche Natur eingegangen. Er ist bis zur Vollendung Teil dieser Schöpfung geworden, insofern er nach seinem Tod am Kreuz sogar in den Schoß der Erde gelegt wurde. Mit dem Bild des Weizenkorns, das er selbst gebrauchte, zeigte er aber, dass gerade aus dem Tod neues Leben blüht, dass die Schöpfung sich immerfort erneuert, dass der Tod ihn, der das Leben ist, nicht halten kann.

Gesätz

Lied   Im Maien hebt die Schöpfung an, 3–4 (s. S. 164)

4. Jesus, der uns in seiner Auferstehung das Leben neu geschenkt hat

Schrifttext   Wenn also jemand in Christus ist, dann ist er eine neue Schöpfung: Das Alte ist vergangen, Neues ist geworden. (2 Kor 5,17)

Impuls In Tod und Auferstehung Jesu sind wir durch die Taufe mit hineingenommen. Das Untertauchen unter das Wasser und das Herausholen aus dem Wasser sind die äußeren Zeichen dieses Mysteriums: Neue Schöpfung sind wir geworden. Das ist aber kein Automatismus; vielmehr sollen wir als Getaufte so leben, dass wir von der Neuheit und Andersartigkeit und Heiligkeit dieses Lebens Zeugnis geben. Nicht nur in der Beziehung zu Gott und zu den Menschen, sondern auch im Umgang mit der Schöpfung selbst, die heilig ist.

Gesätz

Lied GL 491,1.3 (Ich bin getauft)

5. Jesus, in dem die Schöpfung vollendet wird

Schrifttext Und er zeigte mir einen Strom, das Wasser des Lebens, klar wie Kristall; er geht vom Thron Gottes und des Lammes aus. Zwischen der Straße der Stadt und dem Strom, hüben und drüben, stehen Bäume des Lebens. Zwölfmal tragen sie Früchte, jeden Monat einmal; und die Blätter der Bäume dienen zur Heilung der Völker. (Offb 22,1–2)

Impuls Die Schöpfung hat im Wort Gottes, Jesus Christus, nicht nur ihren Anfang, sondern auch ihr Ende, er ist ihr Alpha und Omega, das A und O der Zeiten. Gott selbst zu schauen und seine Liebe, die in Jesus Christus menschliche Gestalt annahm, ganz und gar zu erleben, ist das Ziel der Welt. Dies lässt sich nur noch in Bildern ausdrücken: der neuen Erde, die emporsteigen wird, dem Wasserstrom, der die Gottesstadt erquickt und unvergängliches Leben spendet.

Gesätz

Lied GL 551,1.3 (Nun singt ein neues Lied dem Herren)

ABSCHLUSS

Wir haben Maria gegrüßt und über die Schöpfung meditiert. Von Maria heißt es in einem byzantinischen Gesang:
„Über dich, Begnadete, freut sich die ganze Schöpfung, der Engel Heer und der Menschen Geschlecht, geheiligter Tempel und geistiges Paradies, der Jungfrauen Ruhm. Denn aus dir ist Gott im Fleische erschienen. Und ein Knäblein ist geworden unser Gott, der vor den Äonen ist. Denn deinen Schoß hat er zum Thron gemacht und deinen Leib weiter gemacht als die Himmel. Über dich, Begnadete, freut sich die ganze Schöpfung. Ehre sei dir."
So erbitten wir mit Maria den Segen des dreifaltigen Gottes über uns und die ganze Schöpfung.

Segen Gott, unser Vater, der Schöpfer Himmels und der Erde, schenke euch Gesundheit und Heil und dereinst das ewige Leben.
A Amen.
Gottes Sohn, Jesus Christus, in dem die Welt geschaffen ward und in dem sie dereinst vollendet wird, gebe euch Kraft zum Zeugnis für ihn.
A Amen.
Gott der Heilige Geist, der zu Anbeginn über den Wassern schwebte und in dem alle Schöpfung immerdar erneuert wird, erneuere auch euch in der Heiligkeit.
A Amen.
So segne euch der dreifaltige Gott: der Vater und der Sohn und der Heilige Geist.

Lied GL 521,5–6 (Maria, dich lieben)

25
JESUS, DER ...

GESÄTZE ZUM SONNTAGS-EVANGELIUM

Vorbemerkung
Es muss nicht immer der „Freudenreiche" oder „Lichtreiche" Rosenkranz sein. Die Möglichkeiten der Gestaltung eines Rosenkranzgebets oder einer -andacht sind so zahlreich, wie es Aussagen über und zu Jesus gibt. Nahezu jeder Evangelientext kann in Jesusanrufungen meditiert werden. So kann man das Evangelium Mt 9,9–13 lesen und zur Meditation darüber einladen: „Jesus, der zu Zachäus aufsieht"; „Jesus, der sich der Kleinen und der Sünder annimmt"; „Jesus, der uns sein Erbarmen schenkt"; „Jesus, der sich einlädt an unseren Tisch"; „Jesus, der uns seine heilsame Nähe schenkt".

Auch die Lesungstexte lassen sich im Blick auf Jesus verstehen. Die Sonntagsevangelien und -lesungen können auf diese Weise meditiert werden – im Vorhinein und auch in der Woche danach. Das ist nicht immer einfach, aber entsprechende Gesätze zu formulieren ist bereits ein Teil dieser Meditation ...

Im folgenden einige Beispiele zur Anregung.

Palmsonntag (Mk 11,1–10)
Jesu Einzug in Jerusalem eröffnet nicht nur die Woche seiner tiefsten Erniedrigung, seiner Verwandlung und Erhöhung. Dieser Einzug in die heilige Stadt ist auch ein Symbol für sein Kommen zu uns – in unser Innerstes. Wie die Menschen damals können wir ihm den Weg bereiten. In ihm kommen Gott und sein Reich selbst zu uns; wir dürfen einstimmen in den Ruf: Hosanna – Herr, hilf doch!

- Jesus, der in uns Einzug halten will
- Jesus, dem wir unsere Seele schmücken
- Jesus, der voll Sanftmut ist
- Jesus, in dem das Reich des Vaters kommt
- Jesus, der uns Heil und Hilfe bringt

4. Sonntag im Jahreskreis B (Mk 1, 21–28)

Der Auftritt Jesu in der Synagoge zu Kafarnaum blieb den Menschen aus mehreren Gründen im Gedächtnis. Er lehrt sie anders – mit Vollmacht, das spüren sie. Seine Worte sind Geist und Leben. Neben ihm hat der UnGeist keinen Platz. Das müssen wir uns auch für uns heute klar machen. Die tiefe Wahrheit der Botschaft Christi kann uns aus manchen Zeitgeist-Untiefen befreien.

- Jesus, der uns eine neue Lehre verkündet
- Jesus, der uns mit göttlicher Vollmacht lehrt
- Jesus, der sich der Besessenen annimmt
- Jesus, der die Geister scheidet
- Jesus, der der Heilige Gottes ist

4. Sonntag der Osterzeit B (Joh 10,11–18)

Das Bild des guten Hirten bringt die Beziehung Jesu zu uns auf verschiedene Weise zum Ausdruck: Jesus kennt seine Schafe. Er weiß um jedes einzelne, er ruft sie alle beim Namen. Es ist gut, sich vor Augen zu halten, dass ich selbst auch von ihm gekannt, gerufen und geliebt werde. Seine Hingabe an die ihm Anvertrauten gipfelt darin, dass er sogar sein Leben zu geben bereit ist: Keiner hat eine größere Liebe … Und wie er seinen Schafen nahe ist, so wünscht er sie sich untereinander als Gemeinschaft: Liebet einander, wie ich euch geliebt habe.

- Jesus, der unser guter Hirte ist
- Jesus, der seine Schafe kennt
- Jesus, der auch mich beim Namen ruft
- Jesus, der sein Leben für die Schafe gibt
- Jesus, der seine Herde in Liebe eint

12. Sonntag im Jahreskreis B (Mk 4,35–41)

Auch unser Lebensboot kann in Stürme geraten und zu sinken drohen. Nicht die Klage vor Gott hilft uns dann, sondern der Glaube, dass Jesus mit uns ist. Ist er mit uns, was kann dann noch gegen uns sein, in ihm ist Gott selbst unter uns gegenwärtig.

- Jesus, der mit uns im Boot ist
- Jesus, der sich unserer Sorgen annimmt
- Jesus, der uns die Angst nehmen will
- Jesus, in dem wir Gott schauen
- Jesus, den wir als unseren Gott glauben

16. Sonntag im Jahreskreis B (Mk 6,30–34)

Wer lehrt, muss selbst auch immer wieder lernen. Ein Studium ist nie abgeschlossen, es gibt stets neue Erkenntnisse. Auch die Jünger, die den Menschen das Wort von der Umkehr zu Gott gebracht und sie im Geist Jesu gelehrt hatten, dürfen jetzt wieder bei ihm „in die Schule" gehen. Er lehrt sie auch, wie wichtig es ist, ausruhen zu dürfen. Gottes Reich wächst auch ohne unsere Betriebsamkeit.

- Jesus, der uns bei sich ausruhen lässt
- Jesus, der sich um uns sorgt
- Jesus, der hört, was wir ihm sagen
- Jesus, der Mitleid mit den Menschen hat
- Jesus, der unser guter Hirte ist

SCHEMA EINER ROSENKRANZ-ANDACHT

Eröffnung   Lied
　　　　　　　Kreuzzeichen
　　　　　　　Einführung
　　　　　　　(Kyrierufe)

Verkündigung Schriftlesung (Evangelium/Lesung des Sonntags)
　　　　　　　(evtl. kurzer Impuls)
　　　　　　　(Lied)

Rosenkranzgebet
　　　　　　　Eröffnung des Rosenkranzgebetes
　　　　　　　Rosenkranzgesätze (evtl. mit Liedstrophen)

Abschluss   Gebet
　　　　　　　Lied

ANHANG

IM MAIEN HEBT DIE SCHÖPFUNG AN

1. Im Mai-en hebt die Schöp-fung an
zu blü-hen und zu sin-gen.
die Er-de hat sich auf-ge-tan
uns neu-e Frucht zu brin-gen.
Den Gna-den-früh-ling vol-ler Pracht
hast du, Ma-ri-a, uns ge-bracht:
Dir soll das Lob er-klin-gen.

2. Du bist das blütenreiche Land, / die segensvolle Erde, / an der Gott Wohlgefallen fand, / du allzeit Unversehrte. / Du trugst – o wunderbares Los – / den Gottessohn in deinem Schoß, / dass uns Erlösung werde.

3. Du allerschönster Rosenstrauch, / der je auf Erden blühte, / befruchtet durch des Geistes Hauch, / betaut von Gottes Güte: / Den Heiland, der aus dir entsprang, / du nahmst ihn auf mit Lobgesang / und liebendem Gemüte.

4. Als Weizenkorn gab sich dein Sohn / in Erdenleid und Sterben, / um uns, als seines Todes Lohn, / das Leben zu erwerben. / Sein Leib uns nährt, sein Blut uns tränkt – / der Sohn, den du der Welt geschenkt, / macht uns zu Himmelserben.

T: Friedrich Dörr 1973
M: Trier 1653

SELIG SIND, DIE ARM IM GEISTE

1. Se-lig sind, die arm im Geis-te, die vor Gott in De-mut stehn, denn er lässt sie voll Er-bar-men ein ins Reich der Him-mel gehn. Chris-ti Jün-ger, freu-et euch! Eu-er ist das Him-mel-reich.

2. Selig sind, die Trauer tragen, / Leid und Not in dieser Zeit, / die in Tränen nicht verzagen, / Tröstung finden sie im Leid. / Christi Jünger, freuet euch! / Euer ist das Himmelreich.

3. Selig sind, die sich ergeben / demutsvoll in Gottes Hand, / die nach seinem Willen leben, / erben das verheißne Land. / Christi Jünger, freuet euch! / Euer ist das Himmelreich.

4. Selig, die ein heiß Verlangen / nach Gerechtigkeit erfüllt. / Gnade werden sie erlangen / und ihr Hunger wird gestillt. / Christi Jünger, freuet euch! / Euer ist das Himmelreich.

5. Selig sind, die voll Erbarmen / jeder Not sich bringen dar, / Brüder sind zu allen Armen, / Gott wird durch sie offenbar. / Christi Jünger, freuet euch! / Euer ist das Himmelreich.

6. Selig, die an Herz und Händen / rein durch dieses Leben gehn, / die es heilig auch vollenden, / werden Gottes Antlitz sehn. / Christi Jünger, freuet euch! / Euer ist das Himmelreich.

7. Selig, die den Frieden gründen / und versöhnen, was entzweit, / die in dieser Welt entzünden / Gottes große Herrlichkeit. / Christi Jünger, freuet euch! / Euer ist das Himmelreich.

8. Selig, die Verfolgung leiden, / Zeugen der Gerechtigkeit, / die für Christi Namen streiten / und erdulden Schmach und Leid. / Christi Jünger, freuet euch! / Euer ist das Himmelreich.

T und M: Pörtnersches Gesangbuch, Würzburg 1823

O SELIGKEIT, GETAUFT ZU SEIN

O Seligkeit, getauft zu sein,
in Christus neu geboren;
von Adams Schuld bin ich befreit,
erlöst ist, was verloren.
Wer kann ermessen, welche Gnad
mir Gott, der Herr, erwiesen hat?
Mein Leben soll es danken.

An Jesu Christi Priestertum
hab ich nun teil in Gnaden.
Zum Opferdienst, zum Gotteslob
hat er mich eingeladen.
Ich bin gesalbt zum heilgen Streit,
bin Christi Königreich geweiht.
Ihm will ich leben, sterben.

T: Georg Thurmair (Str. 1) / Johannes Pinsk
M: zu singen nach „Fest soll mein Taufbund immer stehn"

NACHWEISE

AUTOREN

Cornelia Bothe	16, 17 18, 19, 20
Heinrich Bücker	1, 2, 3, 4, 5
Guido Fuchs	22, 24, 25
Ingrid Engbroks	23
Andreas Matthäi	6, 7, 8, 9, 10
Johannes Putzinger	11, 12, 13, 14, 15, 21

BILDER

Johannes Putzinger

Trotz sorgfältiger Recherche konnten leider nicht alle Rechteinhaber ausfindig gemacht werden. Bei Ansprüchen wenden Sie sich bitte an den Verlag.

Konkrete Liturgie für den Herbst

MARCUS LAUTENBACHER
Erntedank
*Gemeinde-, Familien-
und Jugendgottesdienste*

*152 Seiten, kartoniert
ISBN 978-3-7917-2106-4*

Nicht nur in ländlichen Gemeinden ist Erntedank ein Fest, das zur besonderen Gestaltung der Gottesdienste herausfordert und das von beliebten Traditionen (Erntealtar, Erntekrone ...) geprägt ist. Für den feierlichen Gemeindegottesdienst bietet der Autor je eine Einführung, eine Predigt und Fürbitten an. Die ausgearbeiteten Familiengottesdienste werden mit Symbolen und Materialien gestaltet, die verschiedene Sichtweisen des Erntedankfestes in den Blick nehmen; für die Jugendgottesdienste werden szenisches Anspiel und andere Aktionen vorgeschlagen, die den Inhalt des Festes mit dem Leben Jugendlicher verbinden.

»Die Modelle sind bemerkenswert vielfältig und ansprechend.«
BN.BIBLIOTHEKSNACHRICHTEN

Verlag Friedrich Pustet   Tel. 0941 / 92022-0
Unser komplettes Programm unter: Fax 0941 / 92022-330
www.verlag-pustet.de   bestellung@pustet.de